Chrysanthema Lahr

Chrysanthema Lahr

Ein Bildband rund um die Chrysantheme –
mit Kochrezepten und Gestaltungstipps

Herausgegeben von Uwe Baumann und Kathrin Rüegg

Kaufmann Verlag

Chrysanthema Lahr

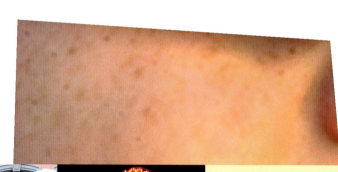

Inhalt

Vorwort des Oberbürgermeisters	6
Ein *Nach*-Wort als *Vor*-Wort	9
Die Chrysanthema Lahr – Die Geschichte einer einzigartigen Idee	10
Die Chrysantheme – Ursprung, Bedeutung und ihr Weg von Asien nach Europa	23
Traumgekrönt – Die Chrysantheme in der Literatur, Musik und Malerei	36
Das Märchen von der goldenen Blume	45
Die Chrysantheme als Garten-, Zier- und Dekorationspflanze	49
Rezepte – Die Chrysantheme als kulinarische Gaumenfreude	59
Bezugsquellen und wichtige Adressen	92
Literaturhinweise	94
Bildnachweis	96
Impressum	96

Vorwort des Oberbürgermeisters

Sehr geehrte Leserinnen und Leser,
liebe Blumenfreunde und
Gäste der Chrysanthema,

jedes Jahr im Herbst gibt es in Lahr etwas ganz Besonderes zu feiern: die Chrysanthema. Das dreiwöchige Blütenfest in der malerischen Innenstadt ist inzwischen weit über die Grenzen von Lahr hinaus bekannt. Unzählige Gäste kommen dann von überall her in unsere Stadt, um die Blütenpracht zu bestaunen und das hochkarätige Kultur- und Musikprogramm zu genießen.

Die Chrysanthema ist ein Fest für alle Sinne: Farben und Formen, Düfte und Klänge begleiten die Gäste auf ihrem Weg durch die Stadt. Doch nicht nur für die Gäste und Besucher ist die farbenprächtige Blumenschau im Spätherbst etwas Außergewöhnliches, sondern auch für Lahr selbst – für alle, die hier leben und arbeiten. Die Chrysanthema schafft ein Wir-Gefühl, an dem Bürgerinnen und Bürger, Einzelhandel und örtliche Zeitungen, regionale Unternehmen und die lokale Wirtschaft Teil haben. Sie verkörpert ein Stück Lebensart unserer Stadt – bunt, offen und positiv – und spiegelt darüber hinaus die freundschaftlichen Beziehungen zu unseren Nachbarn im Elsass und unseren Partnerstädten Dole, Belleville und Alajuela wider.

Dieses Buch erzählt Ihnen, wie sich die Chrysanthema aus einer kleinen Blumenschau heraus zu dem eindrucksvollen Fest entwickelt hat, das sie heute ist. Sie erfahren viel Interessantes über die wunderbar geheimnisvolle Blume, der das Fest seinen üppigen Farbenreichtum verdankt, über die Herkunft und Bedeutung der königlichen Pflanze in Asien, über ihre Geschichte, ihre natürlichen Eigenschaften, die Spuren, die sie in Literatur und Kunst hinterlassen hat sowie die Verwendung in Küche und Garten.

Ich wünsche Ihnen viel Freude beim Lesen, Nachkochen und Gärtnern. Lassen Sie die Höhepunkte der Chrysanthema nochmals ganz in Ruhe mit den schönsten Bildern Revue passieren.

Oberbürgermeister der Stadt Lahr
Dr. Wolfgang G. Müller

Lahr

Chrysanthema

Lahr

Ein *Nach*-Wort als *Vor*-Wort

Es gibt Vorworte, die sind eigentlich Nachworte. In diesem Sinne wurden diese Zeilen erst nach der redaktionellen Bearbeitung der einzelnen Kapitel des Buches geschrieben. Und so steht dieses Vorwort noch ganz unter dem Eindruck der Vielseitigkeit und Vielschichtigkeit des Chrysanthemen-Themas mit all seinen bunten und faszinierenden Facetten – bunt und faszinierend wie die Blume selbst.

Heute, nach dem Recherchieren, Schreiben und Lesen der einzelenen Kapitel komme ich mir vor wie nach einer großen imaginären Reise. Ich war auf den Spuren der Chrysantheme unterwegs in der Welt der asiatischen und europäischen Kulturen. Ich war unterwegs in der Welt der Botanik und Floristik, in der Welt der kulinarischen Genüsse, spürte den tieferen Bedeutungen dieser Blume in Symbolen und Mythen nach, las Bücher in vielen Sprachen …

In diesen Büchern bin ich mit Seefahrern, Botanikern und Pflanzenjägern vom 16. Jahrhundert an über die Meere gereist, habe Schriftstellern, Malern, Kalligraphen und Musikern über die Schultern geschaut.

Gleichzeitig haben mich Gärtner und Gärtnerinnen, Züchter und Züchterinnen an ihrem Wissen teilhaben lassen. Mit Köchen und Köchinnen ging ich auf Gaumenreisen unterschiedlichster Geschmacksrichtungen.

Ich habe mich im Geist in fernen und nahen Welten umgeschaut – in China, Japan und Korea, in England, Frankreich und Lahr, kurzum: im großen Reich der Chrysantheme.

Bereichert bin ich von dieser Sinnesreise zurückgekehrt. Und ich verneige mich staunend, auf asiatische Art und Weise, vor dieser ursprünglich „kleinen gelben Blume" aus dem chinesischen Bergland. Sie hat viel in Bewegung gesetzt – am Kaiserhof in Japan … und in Lahr im Schwarzwald! Ich habe einen ganz persönlichen Namen für sie gefunden: „Novembersonne" – so will ich selbst sie künftig nennen.

Mein persönlicher Dank gilt der Mitherausgeberin dieses Buches, Kathrin Rüegg, für die Kooperation im Bereich der kulinarischen Themen.

Ich wünsche Ihnen viel Freude bei Ihrer Lesereise durch die spannende und unterhaltsame Welt der Chrysantheme.

Uwe Baumann

Lahr, im Herbst 2007

Chrysanthema Lahr – Die Geschichte einer einzigartigen Idee

Uwe Baumann, Martina Mundinger

Es war einmal … so könnte die Geschichte beginnen, die den Erfolgsweg der Chrysanthema beschreibt. Und wie so oft im Märchen steht am Anfang eines Weges ein Wunsch, eine Sehnsucht, eine innere Unruhe, eine Frage. Der Lahrer Landschaftsarchitekt und damalige Leiter des Stadtparks war der Träger dieser Idee. Sein Name ist Eckard Riedel: „Wie bringe ich originellen Blumenschmuck in die Stadt?" Diese Frage brachte Mitte der 80er-Jahre eine Geschichte in Bewegung, die 20 Jahre später im Herbst über 300 000 Menschen in die Lahrer Innenstadt locken sollte.

Zum damaligen Zeitpunkt allerdings war Eckard Riedel vom Gedanken an eine Blumenschau noch weit entfernt. Ihm ging es zunächst um das alltägliche Stadtbild übers Jahr hinweg. Die bunte Blumenwelt der Vorgärten sollte auch in die Innenstadt Einzug halten und das ganze Jahr über die Menschen erfreuen. „Gefragt, getan!" Zunächst stellten die Stadtgärtner überall in der Stadt Pflanzenkübel auf. Diese wurden nun viermal im Jahr immer wieder mit anderen saisonalen Blumen bepflanzt.

Daraus entwickelte sich die Idee der Einrichtung eines Blütensonntages in Lahr. Seit 1985 gibt es diesen besondern Tag jeweils am letzten Wochenende im März. Er ist sozusagen der symbolische Start in die Blütensaison.

Doch jetzt fehlte den pfiffigen Machern noch ein Thema für den späten Herbst – als Abschluss der Saison. Märchen bieten als Lösung für ein solches Problem hier

Lahr

Chrysanthema

Die Chrysanthema Lahr – Die Geschichte einer einzigartigen Idee

und da das Thema Reisen an. Und auf einer Reise war es dann auch, dass Eckard Riedel die zündende Idee bekam: 1987 besuchte er Lahrs französische Partnerstadt Dole. Bei einem Stadtrundgang fielen ihm die hängenden Chrysanthemenkaskaden auf, die die Stadt schmückten und ihr um diese Jahreszeit eine besondere Atmosphäre verliehen.

„In Burgund hat dieser Schmuck besondere Tradition", erzählte ihm sein Doler Kollege Claude Germain. Eckard Riedel reiste weiter – zu den großen Messen der dortigen Chrysanthemenzüchter. So gelangten über französische Züchterquellen erste Versuchspflanzen nach Lahr.

„Was im Jura, was in Burgund geht, das muss doch auch in Lahr gehen." Der Stadtgärtnerei gelang es, für die

Lahr

saisonale Innenstadt-Präsentation rund 150 Chrysanthemenkaskaden zu ziehen. 1988 bereicherten sie zum ersten Mal das Lahrer Stadtbild.
Die Arbeit war getan – zunächst. Denn gute Ideen wollen volle Entfaltung. Wie Blumen.

Die erste Chrysanthemen-Hallenschau

„Wie wäre es mit einer Chrysanthemen-Hallenschau – so wie sie in Burgund veranstaltet werden?"
Die nächste Idee wuchs heran. Ein Konzept für eine „Chrysanthema 93" wurde entworfen. Der Freundeskreis des Lahrer Stadtparkes, die Lahrer Werbegemeinschaft, die Stadtverwaltung sowie zahlreiche Sponsoren unterstützten dieses Konzept. Langsam packte Lahr das Chrysanthemenfieber.

*Als meine Augen alles gesehen hatten,
kehrten sie zurück
zur weißen Chrysantheme.*

Issho, chin. Poet

Die Chrysanthema Lahr – Die Geschichte einer einzigartigen Idee

Für Bürgerinnen und Bürger wurden Informationsabende zur Anzucht dieser Herbstblume angeboten, hiesige Gärtnereien belegten Kulturflächen für die symbolträchtige Blume, Jungpflanzen aus Frankreich, Deutschland und später auch Holland wurden nach Lahr zur Aufzucht bestellt.
1993 öffneten sich die Tore der ersten Chrysanthema-Hallenschau. 86 Bürger hatten dafür 381 Büsche, 72 Pyramiden und 108 Kaskaden gezogen.
Über 8 000 Gäste erlebten diese Präsentation in einer Halle in Sulz, einem Teilort von Lahr. Dazu gesellte sich reichlich Fachpresse und sogar das französische Fernsehen. Ein großartiger und in dieser Form überraschender Erfolg für alle Beteiligten.
Vier Jahre der Reife sollten dann wieder ins Land gehen. Die zweite Hallenschau fand 1997 direkt in Lahr statt. Eine Woche lang strömten die Menschen in Scharen: über 15 000 waren es – die Begeisterung war riesengroß.

1998 verabschiedete sich der Pionier der Chrysanthema, Eckard Riedel, in den Ruhestand. Seine Ideen jedoch wuchsen weiter – in neue Dimensionen hinein. Die Anzucht der Pflanze wurde vorangetrieben, verfeinert und eigene großartige Chrysanthemen gezogen. Einige Jahre später entstand im Rathaus die Idee, die ganze Stadt im Spätherbst zum Blühen zu bringen. Das hieß, raus aus der Halle – hinein in die innerstädtische Freiluftpräsentation. Diesem Gedanken schlossen sich immer mehr Partner an und knüpften ein dichtes Netz: Das Stadtmarketing, die Lahrer Werbegemeinschaft, die örtlichen Medien, Sponsoren aus Industrie und Handel saßen mit im Boot und ruderten in Richtung „großes Blütenmeer".

Volle Kraft voraus –
auf große Fahrt in Richtung Blütenmeer

Die Qualität der Open-Air-Chrysanthemenveranstaltung in der historischen Innenstadt nahm von Jahr zu Jahr zu. Zu der Blumenschau gesellten sich thematische Veranstaltungen mit regionalen und überregionalen Künstlern aus Musik und Theater, Tanz und Literatur, aus Funk und Fernsehen. Die kulinarische Seite in Form von Chrysanthemenspeisen und Getränken wurde entwickelt, eine Blumenwagenschau komplettiert mittlerweile das Angebot für alle Sinne. Auge, Ohr und Gaumen wurden Zug um Zug angesprochen. Der Ruf hallte immer weiter ins Land und die benachbarten Länder hinaus. Die Menschen kamen, sahen und staunten.

Lahr

Chrysanthema

Die Chrysanthema Lahr – Die Geschichte einer einzigartigen Idee

Und so wuchsen von Jahr zu Jahr auch die Besucherzahlen der Chrysanthema. Bereits im Jahre 2000 waren über 100 000 Gäste in der Stadt, 2004 vermeldete man über 200 000. Im Jahre 2006 stieg die Zahl sogar auf über 300 000 Gäste aus Deutschland, Frankreich, Österreich und der Schweiz. Sie alle bewundern Lahr in seinem glücklichen Ausnahmezustand – welche Stadt hat sonst schon im Herbst ein so einzigartiges Meer von Hunderttausenden Blüten in allen Farben und Formen zu bieten?

Die Chrysanthema entwickelte sich zu *dem* Höhepunkt im Jahreskalender der Stadt – zu einem

> *Fröstelnd geht die Zeit spazieren.*
> *Was vorüber schien, beginnt.*
> *Chrysanthemen blühn und frieren.*
> *Und du folgst ihr wie ein Kind.*
> Erich Kästner

Lahr

Apart – die Chrysantheme als Haarschmuck

Die Chrysanthema Lahr – Die Geschichte einer einzigartigen Idee

Chrysanthema

unverwechselbaren Markenzeichen. Zurecht darf Lahr im Spätherbst behaupten, eine der schönsten Städte in ganz Deutschland zu sein. Und so erhielt sie dann im Jahr 2005 auch offiziell die Anerkennung und Bestätigung für diese Einschätzung durch die Auszeichnung „Blütenreichste Einkaufsmeile Deutschlands". Und dass die ganze Entwicklung doch ein bisschen wie in einem Märchen war, zeigt die Tatsache, dass 2006 erstmalig eine Lahrer Chrysanthemen-Königin gekrönt wurde.

Wie das Märchen wohl weitergehen wird? Wir werden es sehen. Sehr zufrieden sind sie jedenfalls schon jetzt: die Lahrerinnen und Lahrer, die Verantwortlichen für die Chrysanthema und die begeisterten Gäste aus nah und fern.

Lahr

Anita I. – Lahrs erste Chrysanthemenkönigin

Chrysanthema

Die Chrysanthema Lahr – Die Geschichte einer einzigartigen Idee

Wer sich auf die Suche begibt, findet auf der Chysanthema beides: Orte der Stille und Plätze voller Leben mit Musik und Tanz.

Lahr

Ein reichhaltiges Kulturprogramm begleitet die Chrysanthema.

Chrysanthema

Die Chrysantheme – Ursprung, Bedeutung und ihr Weg von Asien nach Europa

Uwe Baumann

Chrysanthemen sind für uns heute selbstverständliche Herbstblumen. Auf ihrem Weg von Asien nach Europa blicken die Pflanzen auf eine bewegte und viele Menschen bewegende Geschichte zurück. Selbst Kaiser wurden in den Bann dieser Blume gezogen. Botaniker und Pflanzenjäger waren ihr auf der Spur, Gärtner und Züchter, insbesondere in Asien und Europa, schenkten und schenken ihnen ein Höchstmaß an Verehrung und Aufmerksamkeit. Auch Künstler und Künstlerinnen ließen sich von der Schönheit, der Ästhetik und Symbolik dieser Blume verzaubern.

Die Chrysantheme in China – „Heiterkeit unter schwierigen Bedingungen"

Ihren Ursprung hat die Chrysantheme in China. Die „kleine gelbe Blume mit dem starken Rosinengeruch" stammt aus dem chinesischen Bergland. Bereits einige Jahrhunderte vor Christus begannen die Chinesen als Erste, die dort heimische Stammmutter zu kultivieren. In den Schriften des Religionsstifters und Philosophen Konfuzius, also etwa 500 Jahre vor Christus, lassen sich erste literarische Spuren entdecken. Die Chrysantheme (chinesisch: Chu) findet in mehreren Schriften Erwähnung – so z. B. im „Buch der Oden" (Buch der Lieder).

An die asiatische Herkunft der Chrysantheme erinnern Spiel und Tanz von Kindern und Jugendlichen des TV Lahr.

Chrysanthema

Die Chrysantheme – Ursprung, Bedeutung und ihr Weg von Asien nach Europa

„Die Chrysantheme in ihrer gelben Pracht – die Blätter fallen von den Bäumen und die Insekten suchen Schutz", heißt es in einem der Texte.
Die Blume ist zu dieser Zeit in China als Herbstgartenpflanze besonders beliebt und verbreitet. Sie steht für Kraft, Ausdauer und Mut, denn sie stellt sich der immer dunkler werdenden Jahreszeit entgegen und beginnt erst dann zu blühen, wenn andere schon verwelken und sich auf die Winterruhe vorbereiten. „Heiterkeit unter schwierigen Bedingungen" ist ebenfalls eine Formulierung, die das Wesen der Chrysantheme treffend beschreibt. Die Chinesen machten sie nicht zuletzt deshalb zu einem Teil ihrer Philosophie.
Der Verzehr der Blütenblätter oder ihr Genuss in Tee oder Reiswein versprach ein langes Leben. Auch als

Lahr

Heilpflanze wird die Chrysantheme schon früh erkannt und angewandt.
Erwähnung fand die Pflanze bereits in einer Enzyklopädie aus dem 3. Jahrhundert vor Christus. Eine Legende aus dieser Zeit berichtet, dass die Chrysantheme eine Reinkarnation eines jungen Mannes namens Tao sei, der gleichermaßen als Liebhaber und Bewunderer der Chrysantheme und des Chrysanthemenweines galt.

Die ersten Schriften, die sich ausschließlich mit der Chrysantheme befassten, stammen aus dem 12. Jahrhundert nach Christus. Hier werden 33 verschiedene Chrysanthemensorten beschrieben. Im 17. Jahrhundert finden sich in einer Enzyklopädie bereits 274 Chrysanthemensorten.

Die Chrysantheme bewahrte sich in China über all die Jahrhunderte hinweg hohe Bewunderung und große Verehrung. Sie galt auch als Symbol der Bescheidenheit, Vornehmheit und ist ewiges Synonym für den Herbst.

Gemeinsam mit dem Kranich und der Kiefer steht die Chrysantheme für ein langes Leben. Auch ewige Liebe wird ihr zugesprochen.
Von den chinesischen Gelehrten wurde sie aus dem großen Meer der Blumen und Bäume neben dem Bambus, der Pflaume und der Orchidee zu den „Vier Edlen" auserwählt. Jede dieser Pflanzen steht dabei für eine oder mehrere Tugenden. Der Bambus beispielsweise für Aufrichtigkeit, der Pflaumenbaum für Beständigkeit, die Orchidee für Liebe und Schönheit und die Chrysantheme für Kraft und Ausdauer.

Wenn die Herbstnebel aus den Tälern wallen und der kalte Tau fällt, kommt der Chrysantheme im chinesischen Jahreskreis mit seinen das Leben ordnenden Festen und Gebräuchen bis heute eine ganz besondere Bedeutung zu. Am neunten Tag des neunten Monats, wenn das Licht mit der Finsternis zu kämpfen beginnt, stellen die reinen Blüten den letzten Gruß des scheidenden Jahres dar. Das Wort neun in der chinesischen Sprache ist dabei lautgleich mit dem Wort „lange Zeit" – womit die Brücke zum „langen Leben" geschlagen ist.

Chrysanthema

Die Chrysantheme – Ursprung, Bedeutung und ihr Weg von Asien nach Europa

Die Chrysantheme in Japan – die kaiserliche Blume

In Japan heißt die Chrysantheme „Kiku" – was so viel wie Abendsonne bedeutet.

Ihren Weg von China nach Japan fand die Chrysantheme zunächst als Heilpflanze in den ersten sechs Jahrhunderten nach Christus.

Wenn es so etwas wie einen Glücksfall für Blumen gibt, dann hatte die Chrysantheme für ihre weitere Entwicklung das große Los gezogen. Klimatisch gesehen waren die Bedingungen auf den japanischen Inseln für Wachstum und Entwicklung wesentlich günstiger als in China.

Im Unterschied zu China, wo die Chrysanthemenzüchtung fast ausschließlich von den Merkmalen Symmetrie und Gleichmäßigkeit beherrscht wurde, entwickelten japanische Züchter unterschiedlichste Formen und leuchtende Farben. Fantasie und Kreativität waren in der Züchtung immer neuer Sorten gefragt.

In Japan züchtete man Chrysanthemen mit möglichst vielen Blüten an einem Stiel – dreißig bis vierzig Blüten an einer Pflanze waren nichts Seltenes.

Die Chinesen versagten sich dieser Pracht und stolzen Entfaltungsfülle. Ihre Chrysanthemen wiesen selten mehr als drei bis fünf Blüten an einem Stock auf. Dafür sollten die Blüten aber vollkommen und von erlesener Eigenart sein.

Der japanischen Kaiserhof war von dieser Blume begeistert, ja entzückt. Im Jahr 990 nach Christus rief Kaiser Ouda das Chrysanthemenfest ins Leben. Es war ein höfisches Fest mit Ausstellungen und Wettbewerben für die schönsten Pflanzen. Seit dieser Zeit war es üblich,

Lahr

dass der kaiserliche Hof seine Erhabenheit und seinen kulturellen Glanz dadurch demonstrierte, dass er seine Gäste zu einem großen Bankett in Form eines Hofzeremoniells lud. Hier fand die feierliche Übergabe von Chrysanthemen-Arrangements statt – als Glücks- und Harmoniesymbol der inzwischen zum Nationalemblem erhobenen Chrysantheme.

Zum Festessen trank man einen besonderen Wein namens „kikuzake", der aus Chrysanthemen und Reiswein bestand. Außerdem wurde ein Dichterwettbewerb zur Chrysantheme veranstaltet.
Seit dieser Zeit durften die vornehmen Familien des Kaiserreichs die Chrysantheme in ihren Wappen tragen. Aber nur dem Kaiser und der kaiserlichen Familie war

Die Chrysantheme – Ursprung, Bedeutung und ihr Weg von Asien nach Europa

es gestattet, die 16-blättrige Chrysantheme als Staatssymbol im Wappen zu führen.

In ihrer Gestalt erinnert diese 16-blättrige Chrysantheme unverkennbar an die Sonne – und von der Sonnengöttin Amaterasu stammt das Kaiserhaus der Legende nach ab. Die Blume formt ein vollkommenes Rad. Dieses besitzt weder Anfang noch Ende und symbolisiert die Unsterblichkeit und Vollkommenheit des Kaiserhauses.

Verstöße gegen das Nutzungsrecht dieses kaiserlichen Symbols wurden streng bestraft. So ist überliefert, dass der Porzellanfabrikant Tomimura Kanyemon im 17. Jahrhundert das kaiserliche Chrysanthemenwappen auf Teetassen anbringen ließ, die für den Export gedacht waren. Er wurde dazu verurteilt, Selbsttötung in Form von Hara-Kiri zu begehen.

Im Lauf der Zeit wurde aus der kaiserlichen Blume eine „Volksblume". Ab dem 17. Jahrhundert wurde das höfische Chrysanthemenfest zu einem öffentlichen Fest. Die Chrysanthemen gelangten im Volk zu geradezu magischen Ehren. So wurden sie zum Schutz gegen Unheil ins Haar gesteckt. Auch dem Chrysanthemenwein wurden Zauberkräfte zugeschrieben. Immer wieder tauchen in Mythen und Legenden Geschichten auf, die solche Phänomene beschreiben. So zum Beispiel die folgende:

Vor alter Zeit lebte ein Mann namens Heng-Ching in Yün-Nan. Er zog aus, um sich bei Fe-Dschang-Fang in den Wissenschaften unterrichten zu lassen. Eines Tages sagte ihm sein Meister: „Am 9. Tag des neunten Monats wird dein Haus von einem Unglück betroffen, dem es nicht entgehen kann. Dich und die Deinen kannst du aber schützen: Fertige für jeden einen Beutel aus rotem Stoff und fülle ihn mit den Früchten des Seidenholzbaumes. Geht auf einen Berg, trinkt dort Chrysanthemenwein und verbringt den Tag in Ruhe." Heng-Ching erschrak und tat, was ihm sein Meister riet. Alles geschah so, wie dieser gesagt hatte.
(Zitat aus: Chrysanthemenfest im Teehaus)

Über die Jahrhunderte hinweg hat in Japan jede Region, entsprechend ihren klimatischen Bedingungen, ihren

Lahr

speziellen Chrysanthemenanbau kultiviert. Man unterscheidet acht verschiedene Kategorien der Blume. Dazu zählen zum Beispiel die großen Chrysanthemen, die hauptsächlich in der Region Kyoto, der alten Kaiserresidenz, gedeihen. Wie bereits erwähnt, wurde und werden große Sorgfalt und züchterischer Ehrgeiz darauf verwendet, möglichst viele Blüten an einem Stiel zu

züchten. So gelang es zum Beispiel 1920 dem Gärtner des kaiserlichen Parkes an einem Chrysanthemenstängel 1015 Blüten hervorzubringen.

Die Chrysantheme fand in Japan wie sonst nirgends auf der Welt stets auch Ausdruck in der Kunst. Sie hat die Welt der Dichter beseelt, die Malerei auf Stoffen und Leinwänden und Lackarbeiten inspiriert, die Tuschemalerei, das Kabuki-Theater und das No-Spiel beeinflusst und viele Sonderformen der Kunst hervorgebracht. Zum Beispiel in der traditionellen Tätowierkunst gilt sie als Glücks- und Harmoniesymbol.

Ihre besondere Verehrung im japanischen Volk verdankt die Chrysantheme der Tatsache, dass der Thron und der Palast des Tenno seit dem Mittelalter bis heute als Chrysanthementhron bzw. Chrysanthemenpalast benannt ist. Der höchste japanische Staatsorden ist der Chrysanthemenorden „Kiku no Gomon". Er gilt als die höchste japanische Auszeichnung, die Persönlichkeiten für herausragende Verdienste verliehen wird.

Alljährlich am 9. September – früher als die Chinesen – feiern die Japaner ihr „kiku no Sekku", das Chrysanthemenfest. Ganz Japan ist zu Ehren der Chrysantheme auf den Beinen. Bis heute steht diese Blume in Japan als Zeichen für Unsterblichkeit, Vollkommenheit und Harmonie. Als kaiserliches und nationales Symbol prägt sie ganz entscheidend auch den Nationalstolz der Japaner.

Chrysanthema

Die Chrysantheme – Ursprung, Bedeutung und ihr Weg von Asien nach Europa

Die Chrysantheme in Korea

Nach China und Japan gelangte die Chrysantheme nach Korea. Gang Hui-an, ein koreanischer Gelehrter und Maler, schrieb im Yanghwasorok, dem ersten koreanischen Buch über Blumenzucht, dass die Chrysantheme während der Regierungszeit des Königs Chungsuk (1332 – 1339) eingeführt wurde.
Seither gehört die Chrysantheme auch in Korea zu den beliebtesten Blumen. Sie symbolisiert die Würde und Glaubwürdigkeit der tugendhaften Gelehrten. Insbesondere die wilden Chrysanthemen, die im Freien wachsen, muten traurig und melancholisch an. Sie stehen symbolisch für all das, was man im vergangenen Jahr betrauert.

Die Koreaner kannten, ähnlich wie die Chinesen, einen Schnaps aus Chrysanthemenblättern und verwendeten die Chrysantheme zur Herstellung von Blumen-Pfannkuchen.

Die Chrysantheme in Europa

Bereits im antiken Griechenland gab es eine wilde Form der Chrysantheme, die jedoch bei den gebildeten Griechen keinen bleibenden Eindruck hinterließ. Sie schwärmten mehr für Philosopie und weniger für Flora und Fauna. Wir wissen deshalb nicht sicher,

*Ich lehn im Armstuhl, im bequemen,
wo oft ich Ungemach vergaß,
müd nicken krause Chrysanthemen
im hohen Venezianerglas.*
Rainer Maria Rilke

Im Tanz der Kinder findet das Symbolhafte und Mystische der Chrysanthema seinen Ausdruck.

Lahr

Chrysanthema

Die Chrysantheme – Ursprung, Bedeutung und ihr Weg von Asien nach Europa

wie die Griechen sie benannten, aber der berühmte schwedische Botaniker Carl von Linné gab ihr Mitte des 18. Jahrhunderts die altgriechische Bezeichnung *chrisanthemo*, das bedeutet „Gold-Blüte" (von chrysos = Gold und anthemon = Blüte).

Mit der Entdeckung der chinesischen und japanischen Kulturen durch die Portugiesen und Holländer im 16. und 17. Jahrhundert beginnt der Weg der „kultivierten" Chrysantheme nach Europa. Man entdeckte die Schönheit und Einzigartigkeit der asiatischen Chrysanthemen und lernte die Kultur um diese Pflanze schätzen. Gefördert wurde diese Entwicklung durch die Intensivierung der Handelsbeziehungen europäischer Kaufleute mit China und Japan im 17. Jahrhundert, die alsbald auch Chrysanthemen zum Handelsobjekt machten.

Verfolgt man den Weg der Chrysantheme nach und in Europa, so gilt es einiges an englischer und französischer Literatur zu lesen. Denn insbesondere Engländer und Franzosen waren es, die sich intensiv um die Kultivierung der Pflanze auf jeweils eigene Art und Weise bemühten.

Puzzlesteinartig können wir den Weg der Chrysantheme von Asien nach Europa verfolgen – vor allem bei den Seefahrern, den Botanikern und Pflanzenjägern. Die über die langen Schifffahrtswege transportierten Chrysanthemen waren stets „Passagiere erster Klasse", mussten sie doch mit Süßwasser versorgt werden.

Die ersten Chrysanthemen kamen 1670 übers Meer nach Holland, das damals das Handelsmonopol mit Japan besaß. Die wärmebedürftigen Chrysanthemen taten sich in dem rauen Klima schwer, genauer gesagt: Sie gingen schnell ein.
Erst das Jahr 1786 wird als Datum der dauerhaften und erfolgreichen Einführung der Chrysantheme in Europa notiert.

Der Marseiller Kaufmann und Seefahrer Pierre Blancard bringt in diesem Jahr drei verschiedene Ku-Hoa-Chrysanthemen von China mit nach Frankreich – nur eine überlebt: die Purpurrote. Diese Pflanze findet schnell Gefallen bei Hof und ziert schon nach kurzer Zeit die königlichen Gärten in Versailles. Dort ereilt sie allerdings auch das Schicksal der Revolution: Die königlichen Gärten wurden in Kartoffeläcker umgewandelt. Nur wenige Exemplare blieben erhalten. Einigen davon verhilft der Franzose Jacques Cels zur „Flucht" nach England.

Einer der vielen prächtigen mit Liebe und Fantasie gestalteten Motivwagen aus Chrysanthemenblüten.

Lahr

Kindertag bei der Chrysanthema

Die Chrysantheme – Ursprung, Bedeutung und ihr Weg von Asien nach Europa

Während der napoleonischen Kriege ging der Handel mit China und Japan weiter.
Allerdings waren es nun die findigen Engländer, die die neuesten Chrysanthemen aus China in ihre Heimat mitbrachten. 1821 segelte John Potts, Gärtner der englischen Horticultural-Society nach China. 40 verschiedene Chrysanthemenarten nahm er an Bord für die Heimreise. Durch einen Schiffbruch kamen sie jedoch nie in England an. Erst John Damper brachte 1823/1824 erfolgreich ca. 30 Chrysanthemen mit auf die britische Insel. So konnte 1824 der Sekretär der Gesellschaft der Gartenfreunde stolz deren Einführung von 27 Sorten nach England verkünden. Ein Jahr später gab es in London eine Ausstellung mit über 700 Pflanzen.
Ebenfalls im Jahre 1824 brachte der französische Gärtner Louis Noisette 27 verschiedene Chrysanthemensorten von England nach Frankreich zurück.

1846 erreichte der schottische Botaniker Robert Fortune mit 215 Pflanzen an Bord die englische Küste. Unter diesen Exemplaren waren auch zwei kleine Chrysanthemensorten aus Chusan, die später die Elternpflanzen der „Pompon"-Züchtungen waren. Im gleichen Jahr wird in England die erste Chrysanthemen-Gesellschaft gegründet, die bis heute noch einige Tausend Mitglieder hat.

1860 besucht der 21-jährige englische Botaniker John Gould Veitch Japan und sieht in Tokio Chrysanthemen, die „sogar für eine Londoner Ausstellung keine Schande wären" – wie er in seinem Bericht vermerkte. Im selben Jahr ist der oben erwähnte schottische Botaniker Robert Fortune ebenfalls in den Pflanzenaufzuchten in und um Tokio unterwegs. Hier entdeckte er besonders interessante Züchtungen, die sich von den chinesischen Chrysanthemenlinien deutlich unterschieden und seiner Meinung nach den Chrysanthemenanbau in England revolutionieren würden. Er bat im Namen seiner Königin darum, diese Pflanzen ausgraben und in seine Heimat mitnehmen zu dürfen. Von Shanghai aus verschiffte er sie nach England.
Bis Mitte des 19. Jahrhunderts kannte man nahezu 50 Sorten in all ihrer bis heute bekannten Farbenpracht. Die in Japan und China geltenden Formvorstellungen spielten in Europa keine Rolle. Einfache, halb gefüllte,

Nun begann in beiden Ländern mit umfangreichen Um- bzw. Neuzüchtungen der Siegeszug der Chrysantheme. Sie wird in dieser Zeit in Europa zu einer der beliebtesten Blumen und strahlt seither im Herbst gegen das Grau der Nebeltage an. Da sie leicht zu kreuzen ist, entsteht bald ein Rausch vielfältigster Farben und Formen.

Lahr

dicht gefüllte, schirm-, ball- oder strahlenförmige, pompon-, anemonen- oder ranunkelartige Blütenköpfe – alles war erlaubt. So entwickelte sich mit der Zeit eine unglaubliche Fülle von Formen und Farben. Über Frankreich war die Chrysantheme mittlerweile auch nach Deutschland gekommen. Durch Einführung des Allerheiligenfestes im 19. Jahrhundert gerät sie als Grabschmuck auf die Friedhöfe und kommt so für lange Zeit in den Ruf einer „Totenblume".

Anfang des 20. Jahrhunderts begannen die Franzosen – wie bisher die Chinesen, Japaner und Koreaner – im Herbst ihre Städte und Dörfer, insbesondere in Burgund und an der Loire, festlich mit Chrysanthemen zu schmücken. Großartige Chrysanthemenausstellungen zogen und ziehen bis heute Besucher aus nah und fern an. Durch die Partnerschaft mit der französischen Stadt Dole (Burgund) entdeckte auch Lahr den besonderen Reiz dieser Blume und bindet sie seither im Jahreskreis als Stadtschmuck ein.

Heute sind Chrysanthemen bei uns gefragt als Schnittblumen. Als Gartenblumen erfreuen sie das Auge. Ebenso wachsen sie in Töpfen heran und schmücken Blumenfenster, Hauseingänge und Balkone. Als große Stauden finden wir sie in Parkanlagen. Als Kaskaden entfalten sie ihre Üppigkeit in besonderer Weise. Über 30 verschiedene Arten in über 5 000 Sorten in den verschiedensten Rot-, Gelb- und Weißtönen zählen wir mittlerweile in den aktuellen botanischen Listen. Rund 54 Arten wie zum Beispiel die Salatchrysantheme, die Goldchrysantheme oder die Margerite gehören zu den Verwandten dieser vielseitigen Blume.
Ursprünglich blühten die Pflanzen nur in der Zeit der kürzer werdenden Tage. Heute verkaufen Gärtnereien Arten und Sorten, die im Sommer blühen oder die als winterharte Stauden im Garten überdauern können. In Anlehnung an die asiatische Tradition der Blumenfeste zeigt die Chrysanthema in Lahr die herbstliche Pracht und Schönheit dieser Pflanze.

Traumgekrönt – Die Chrysantheme in der Literatur, Musik und Malerei

Uwe Baumann

Wer der Chrysantheme in der Musik, der Literatur und Malerei nachspürt, wird schnell wieder auf die botanische Entwicklungslinie dieser Pflanze zurückgeführt. Parallel zu ihrer Verbreitungsgeschichte eroberte sie – ähnlich wie die Rose – auch die Herzen der Dichter, Denker, Maler, Musiker, Schauspieler und bildenden Künstler der jeweiligen Kulturräume und Epochen auf der ganzen Welt. Bedeutsam ist dabei: Ihre Wirkung, Ausstrahlung und Symbolik beschäftigt Künstler und Philosophen in Asien seit mehr als 2500 Jahren, in Europa aber erst seit 250 Jahren.

In unserer Zeit lassen sich berühmte Namen wie Ilse Aichinger, Erich Kästner, Rainer Maria Rilke, Marie Luise Kaschnitz, Thomas Mann, Truman Capote aus der Dichtkunst, Giacomo Puccini oder Udo Jürgens aus der Musik und Edgar Degas, Claude Monet und Auguste Renoir aus der Malerei mit der Chrysantheme in Verbindung bringen. Auf ganz unterschiedliche Weise hat die Blume Eingang in ihre Werke gefunden.

Die frühesten Spuren der Chrysantheme in Wort und Bild finden sich natürlich, wie erwähnt, in den asiatischen Welten. Insbesondere die Tuschemaler Chinas, Japans und Koreas fühlten sich von der Pflanze angezogen. Einzelne von ihnen waren regelrechte „Spezialisten" für diese Blume.

Erste Dichtungen um die zierliche Schönheit der Chrysantheme herum finden sich im 4. Jahrhundert

Lahr

Chrysanthemenbouquet von Pierre-Auguste Renoir

Chrysanthema

Traumgekrönt – Die Chrysantheme in der Literatur, Musik und Malerei

nach Christus. Der Dichter Tao Yuanming ließ sich von der wunderbaren gelben Blume – lassen Sie mich „Ursprungschrysantheme" dazu sagen – in Bann ziehen.

Er galt als ihr besonderer Freund, und aus seiner Liebe zu ihr entsprangen viele Gedichte. Ein Beispiel:

In später Pracht erblühen Chrysanthemen,
ich pflücke sie, vom Perlentau benetzt,
um ihre Reinheit in mich aufzunehmen,
hab einsam ich zum Wein mich hingesetzt.
Die Sonne sinkt, die Tiere gehen zum Schlummer.
Die Vögel sammeln sich im stillen Wald.
Fern liegt die Welt mit ihrer Unrast Kummer.
Das Leben fand ich, wo der Wahn verhallt.

Nach dem Tod des Dichters wurde seine Villa in „Chu-Hsien" umbenannt – was so viel bedeutet wie „Haus der Chrysanthemen".

Bedeutsam in der Chrysanthemenlyrik war auch Tao Chien, ein weiterer chinesischer Poet:

Ich sammle Chrysanthemen an der Osthecke,
schau still hinüber zu den Südbergen.
Die Bergluft ist frisch zur Abenddämmerung,
paarweise kehren Vögel heim ins Nest.
In all diesen Dingen liegt tiefe Bedeutung.
Will ich sie aussprechen, so schwinden mir
die Worte.

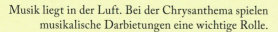

Musik liegt in der Luft. Bei der Chrysanthema spielen musikalische Darbietungen eine wichtige Rolle.

Lahr

Von der chinesischen Poetin Qinzhao, die im 11. Jahrhundert nach Christus gelebt hat, sind ebenfalls Gedichte über die Chrysantheme überliefert.

Sag nicht, ich könnte nicht überwältigt sein:
Wenn der Westwind den Vorhang bewegt,
bin ich zarter als die gelbe Chrysantheme.

Von China aus führt der Weg nach Japan.
Der berühmte japanische Dichter Basho schrieb:

Die Chrysanthemen stehen an der Osthecke in voller Pracht,
der Bambusbusch ist der Herr des Nordfensters.
Die Päonien stehen im Wettstreit zwischen Rot und Weiß
und werden so vom Staub der Welt beschmutzt.
Des Lotos Blätter erheben sich nicht vom flachen Grund;
solange das Wasser nicht klar ist, öffnet er keine Blüten.

Ebenfalls aus Japan stammt auch eine ganz besondere Form der Kurzlyrik, das Haiku. Das Haiku versucht im Rahmen einer festgelegten Silbenfolge, das Unsagbare zu sagen. Es lässt dem Lesenden bzw. dem Zuhörenden Frei-Raum für eigenes Entdecken, Schmecken, Hören und Riechen zwischen den Zeilen. Hier als Beispiel ein Haiku über „weiße Astern", die in Japan eine besonders geschätzte Chrysanthemenart ist:

> *Vor weißen Astern*
> *hält eine Weile inne*
> *die Blumenschere.*
>
> Buson

Wie der botanische Weg der Chrysantheme, so geht auch ihr Weg in der Lyrik von China über Japan nach Korea. Der Koreaner Yi Jeong-bo dichtet:

Chrysantheme, warum hast du gewartet,
bis der Frühlingswind des dritten Monats vorbei ist,
um ganz alleine zu blühen,
wenn die Blätter fallen und das Wetter kalt wird?
Vielleicht bist du die Einzige,
deren Integrität stolz blüht, ohne dem Frost zu erliegen.

Chrysanthema

Traumgekrönt – Die Chrysantheme in der Literatur, Musik und Malerei

„Flower power" à la Chrysanthema

Dass ein Gedicht auch gefährlich sein kann, zeigt das Beispiel des koreanischen Dichters Yu-Mong-in, den „Das Lied der Witwe" das Leben kostete.

*Ich bin siebzig, eine alte Witwe,
die still auf ein leeres Zimmer aufpasst.
Ich kenne die großen
Dichterinnen der Vergangenheit;
ich wurde in rituellen Schriften unterrichtet.
Meine Nachbarn drängen mich, wieder zu heiraten;
sie schlagen mir einen jungen Mann
mit dem Gesicht einer Chrysantheme vor.
Schminke auf weißem Haar?
Raue Haut und Puder?
Würden sie mir nicht Schande bringen?*

Der junge Mann mit dem Gesicht einer Chrysantheme war der neue König Injo. Mit diesem Gedicht erwies der Dichter mangelnde Loyalität gegenüber dem König und wurde hingerichtet.

An dieser Stelle machen wir einen Sprung nach Europa. Insbesondere ab der zweiten Hälfte des 19. Jahrhunderts wächst hier die Blume hinein in die Welt der Literatur, der Musik und der Malerei.
Für die französischen impressionistischen Maler wie Edgar Degas und Claude Monet wird sie zur Lieblingsblume. Auguste Renoir widmet sich in bedeutenden Werken ihrer Ausstrahlung und Wirkung.

Auch in der Literatur findet die Chrysantheme bald ihren Eingang. In den „Buddenbrooks" von Thomas Mann ist der „Chrysanthemen-Ball" ein Vorbote des „Verfalls einer Familie". In Ilse Aichingers Hörspiel

Lahr

„Weiße Chrysanthemen" wird die Blume zum Symbol für Entsagung und Trauer, für Neubeginn und Aufbruch. Rainer Marias Rilkes Gedicht „Traumgekrönt" gehört mit Sicherheit zu den berührendsten deutschen Gedichten.

*Das war der Tag der weißen Chrysanthemen,
mir bangte fast vor seiner Pracht…
und dann, dann kamst du mir die Seele nehmen
tief in der Nacht.*

*Mir war so bang, und du kamst lieb und leise;
ich hatte grad im Traum an dich gedacht.
Du kamst und leis wie eine Märchenweise
erklang die Nacht.*

„Chrysanthemen blühn und frieren…"
Erich Kästners Gedicht „Oktober" setzt den Reigen der in der deutschsprachigen Literatur zu entdeckenden Texte fort. „Was vorüber schien, beginnt" – auch Kästner sieht in der Chrysantheme das „Symbol unbeirrten Weiterschreitens gegen Herbsteskühle und den nahenden Winter", wie es die Literaturwissenschaftlerin Renate Tebbel in ihrer Betrachtung des Kästner-Gedichts beschreibt. Sie zieht eine Parallele zu seinem unbeirrten Weiterschreiben unter den Nationalsozialisten, obwohl er Schreibverbot hatte. Hier erhält die Blume symbolhaft durch ihre Widerstandkraft eine politische Bedeutung.

Die enge Verbindung des Menschen zur Natur beschreibt die 1939 veröffentlichte Anthologie „Ihr gelben Chrysanthemen" der Autorin Anna von Rottauscher. Auch ihre Texte lassen sich aus der Betrachtung der Nachkriegszeit heraus als Widerstand und Opposition zu einem totalitären Regime interpretieren.

Immer wieder taucht die Chrysantheme in Titeln von Erzählungen und Gedichten auf. „Chrysanthemen sind wie Löwen" nennt der amerikanische Autor Truman Capote eine seiner Erzählungen und betont damit den kämpferischen Aspekt der Blume.

Chrysanthema

Traumgekrönt – Die Chrysantheme in der Literatur, Musik und Malerei

In Lahr dreht sich alles um die Chrysantheme, sogar das Riesenrad.

Lahr

Der Tscheche Karel Capek zeigt in seiner märchenhaften Geschichte „Die blaue Chrysantheme" die Einzigartigkeit dieser geheimnisvollen Blume. Bei der badischen Dichterin Marie-Luise Kaschnitz findet sich der Satz von Chrysanthemen „hinter milchigen Scheiben". Der rumänische Lyriker und Autor Mircea Cionbanu entdeckt die „zottigen Chrysanthemen" als Symbol später Liebe. 1997 erscheint Nancy Bakers Vampirroman „Blut und Chrysanthemen". Julia Onken lehnt sich an eine Verszeile von Rilke an und nennt ihr psychologisches Werk „Am Tag der weißen Chrysanthemen".

Auch die Musik entdeckte die Chrysantheme. Im Jahr 1892 schreibt der berühmte Opernkomponist Giacomo Puccini sein Werk „I Crisantemi" aus Anlass des Todes von Herzog Amedeo di Aosta, einem engen Verwandten des damals regierenden Königshauses. Chrysanthemen waren und sind in Italien die Blumen der Trauer und des Andenkens an die Toten. In diesem Werk zeigt sich Puccini auf der Höhe seiner Ausdruckskraft. Es gibt auch Beispiele aus der leichteren Musik: Udo Jürgens veröffentlichte – noch unter seinem bürgerlichen Namen Udo Bockelmann – sein erstes Album unter dem Titel „Weiße Chrysanthemen".

Und im Jahr 2007 kommt in die Kinos der Monumentalfilm „Der Fluch der goldenen Blume", womit die Chrysantheme gemeint ist. Der Film spielt im japanischen Kaiserpalast, dem Chrysanthemenpalast.

Chrysanthema

Das Märchen von der goldenen Blume

Uwe Baumann

Draußen war es Herbst geworden. Die Tage wurden kürzer, die Nächte länger. Aus den Tälern kroch der Nebel. Der König saß auf seinem Thron und grübelte vor sich hin. Er hätte glücklich sein können. Er regierte sein Volk mit guter und gerechter Hand und lebte mit seiner Gemahlin in seinem Schloss am Fuße der Berge – inmitten einer herrlichen Landschaft nahe eines kleinen Flusses. Sie waren ein glückliches Paar und teilten voller Vertrauen all das, was ein Tag zu schenken vermag.
Was ihnen aber große Sorge bereitete, war ihre Tochter. Jedes Jahr, wenn die Tage kürzer und die Nächte länger wurden, schwand das leuchtende Blau aus ihren Augen. Ihr sonst so freudiges Lachen erstarrte. Schwermut kehrte bei ihr ein. Grau zog in ihre Seele.

Der König rief die Weisen und Gelehrten seines Landes zusammen und bat sie um Rat.
„Man muss sie aufheitern", sagten sie. Doch all ihre Ratschläge, wie das geschehen könne, halfen nichts. Nicht einmal der Hofnarr, der mit seinen Späßen und Kunststücken bei so vielen Menschen ein Lächeln

Chrysanthema

Das Märchen von der goldenen Blume

hervorgezaubert hatte, konnte die Prinzessin erheitern. Die Sorge um seine Tochter raubte dem König den Schlaf. Eines Nachts lief er hinaus in den Schlossgarten. „Wie kann ich nur meiner Tochter helfen?", murmelte er in sich hinein, während er lange einen besonders hellen Stern am Himmel betrachtete.

„Ich weiß, wie du deiner Tochter helfen kannst", hörte er leise eine seltsame Stimme sagen. Er sah sich um. Aber da war niemand.

Der König ging ins Schloss zurück. Stumm legte er sich neben seine geliebte Gemahlin ins königliche Bett und schlief, vom vielen Grübeln erschöpft und ermattet, ein.

„Ich weiß, wie du deiner Tochter helfen kannst", hörte er im Schlaf wieder die seltsame Stimme. Ein Traum hielt bei ihm Einkehr. Er sah vor sich den kleinen Fluss in der Nähe des Schlosses. Der Fluss war es, der diese Worte vor sich hinplätscherte. In seinem klaren Wasser schwammen goldene Fische. Und auf dem Ast eines uralten Eichenbaums saß hoch oben eine Eule. Sie sah ihn mit großen Augen an und begann zu sprechen:

„ Ich weiß, wie du das Grau aus der Seele deiner Tochter vertreiben und ihr das Lachen und das Blau ihrer Augen zurückschenken kannst. Du musst eine ganz besondere goldene Blume finden. Sie wächst in einem fernen Land. Sie besitzt die besondere Kraft, das Grau und die Traurigkeit zu vertreiben."

Gleich am Morgen sandte der König seine besten Kundschafter aus. Tage und Wochen durchstreiften sie Wiesen und Wälder, Gärten und Felder außerhalb des Königreichs. Doch alle kehrten mit leeren Händen zurück.

Die Verzweiflung des Königs und seiner Gemahlin wuchs und wuchs. Da trat der junge Gärtner des Königs vor, verneigte sich tief vor ihm und bat um Erlaubnis, die goldene Blume suchen zu dürfen. Da sprachen die Gelehrten des Hofes:

„Wie soll ein einfacher Gärtner diese Wunderblume finden können, wenn es die besten Kundschafter deines Reiches nicht vermögen."

In der darauf folgenden Nacht erschien dem König im Traume wieder die Eule. Sie saß auf der Schulter der Königin und sprach zu ihm:

„Lass den Gärtner die goldene Blume suchen."

Da ließ der König am nächsten Morgen den Gärtner zu sich rufen, versah ihn mit Proviant, einem Pferd und guten Wünschen und schickte ihn hinaus in die Welt.

Der Gärtner war sein Lebtag noch nie auf einem Pferd gesessen – dieses aber trug ihn willig und gehorsam. Nach sieben Tagen und Nächten erreichten sie auf ihrem Weg ein großes Meer.

„Oh, hätte mein Pferd nur Flügel", sagte der Gärtner, in seiner Not beseelt von dem Wunsch nach der Erlösung für die Prinzessin. Und wie durch ein Wunder wuchsen dem Pferd Flügel. So konnten sie von nun an über den Wassern reiten.

Das Meer flog unter ihnen nur so dahin. Wieder ritten sie sieben Tage und sieben Nächte. Tagsüber wies dem Gärtner die Sonne den Weg, des Nachts leuchteten

Lahr

ihm die Sterne. Ungeheuer aus den Tiefen des Meeres versuchten ihn in ihren Bann zu ziehen, um ihn von seinem Weg abzubringen. Doch es gelang ihnen nicht.

Am Morgen des achten Tages tauchte im Nebel Land vor seinen Augen auf. Wunderschöne Klänge drangen an sein Ohr.

„Ach könnte ich doch nur mit meinem Pferd auf diesen wunderbaren Klängen reiten", dachte er. Und ehe er sich versah ritt er mit seinem Pferd auf den Klängen in das Innere des ihm fremden Landes.

Alsbald erreichten sie ein am Fuße eines Berglandes liegendes Tal. Nebel – kühl und feucht – krochen von allen Seiten hervor und hüllten ihn und sein Pferd in einen grauen Schleier. Alsbald war der Nebel so dicht, dass der Gärtner kaum die eigene Hand vor den Augen sehen konnte. Das Pferd unter ihm war nur noch zu spüren. Mit der Zeit verlor er die Orientierung und Verzweiflung machte sich in seinem Herzen breit. In diesem Moment durchdrang ein goldener Strahl den Nebel. Wie von magischer Kraft gezogen folgte er auf seinem Pferd dem Lichtstreif, der immer kraftvoller den Nebel und die Kühle beiseite schob.

Aus dem sich auflösenden Nebel trat ein fremdartig gekleideter alter Mann und bedeutete ihm mit freundlichen Gesten, ihm zu folgen, so als habe er ihn erwartet. Sie kamen an ein Tor, zu dessen rechter und linker Seite goldene Drachen standen.

Als der Fremde das Tor öffnete, glaubte der Gärtner seinen Augen nicht zu trauen: Vor ihm lag ein riesiger Garten voll mit goldenen strahlenden Blumen. Der Gärtner war wie gebannt von der Kraft, die ihm aus diesen Blumen entgegenströmte. In seinem Herzen wurde es auf ganz eigenartige Weise hell und warm.

Da wusste er, dass er am Ziel seiner Reise angelangt war.

Er bat den schweigsamen Fremden mit Zeichen und Gesten um Erlaubnis, eine der goldenen Blumen ausgraben zu dürfen. Der Fremde nickte zustimmend. Mit bloßen Händen grub der junge Gärtner vorsichtig eine Blume aus. Eine Freudenträne rann ihm aus dem Auge und fiel wie zum Dank an die Stelle auf die Erde, an der die Blume gestanden hatte.

Der Gärtner bedankte sich bei dem Fremden, setzte sich auf sein Pferd und machte sich, erfüllt von großer Glückseligkeit und getragen von der Kraft der Blume, auf den Weg zurück ins Königreich. Vor seinem inneren Auge sah er, wie die Prinzessin ihn und die Blume mit sehnsuchtsvoll ausgebreiteten Armen erwartete. Und tatsächlich: Bald schon konnte der König dem Volk verkünden, dass beim Anblick der Goldblume das Antlitz der Prinzessin wieder erstrahlt und das Blau ihrer Augen zurückgekehrt sei. Da herrschte im ganzen Land große Freude.

Von da an wurde im gesamten Königreich jedes Jahr im Herbst drei Wochen lang das Fest der goldenen Blume gefeiert.

Chrysanthema

Die Chrysantheme
als Garten-, Zier- und Dekorationspflanze

Richard Sottru

Lange Zeit galt die gärtnerische Aufmerksamkeit ausschließlich den großblütigen Chrysanthemen, die auch heute noch für Dekorationen und als Schnittblumen Verwendung finden. Die kleinblütigen, aber dafür viel robusteren Sorten aus der Stammform der „Chrysanthemum indicum" standen im Schatten dieser Exoten. Auch die vielen bei der Chrysanthema in Lahr zu sehenden Pflanzen stellen züchterisch bearbeitete Varietäten der „Chrysanthemum indicum" dar, die allerdings nicht herangezogen wurden, um einen dauerhaften Platz im Hausgarten zu finden, sondern ihren Zweck ausschließlich als Ausstellungspflanzen erfüllen.

Dennoch gibt es unzählige Verwandte dieser Chrysantheme und Wildformen, die durch ihr reines Farbenspiel und die Haltbarkeit ihrer Blüten unsere Gärten bereichern. Die Blütenfarben spiegeln alle Nuancen des flach einfallenden herbstlichen Lichtes wider und lassen sich gut mit anderen Pflanzen kombinieren, sofern es um diese Zeit überhaupt noch Blütenkonkurrenten gibt.

Während der Ursprung der großblütigen Chrysanthemen nachverfolgt werden kann, ist die Herkunft der Gartenvarianten sehr viel schwieriger. So kamen zu dem aus Japan und China stammenden „Chrysanthemum indicum" noch einige Wildformen und Bastardarten wie „Chrysanthemum x koreanum", das – wie der Name schon verrät – aus Korea stammt, und „Chrysanthemum x rubellum" hinzu. Nach etlichen Umbenennungen sind heute diese vielseitigen und robusten Gartenchrysanthemen, die auch als Winterastern bezeichnet werden, in der Gruppe mit der botanischen Bezeichnung „Chrysanthemum x hortorum" zusammengefasst.

Man pflanzt diese Chrysanthemen am besten geschützt. Die späte Blüte vieler Sorten wird in raueren Gegenden häufig schon von den ersten Frostnächten überrascht und kann bei Temperaturen unter vier Grad minus Schaden nehmen. Alle Sorten lieben die Sonne und verlangen einen nahrhaften, tiefgründigen, gut durchlässigen Boden. Die beste Pflanzzeit ist das Frühjahr, dann haben die Gartenchrysanthemen über eine Vegetationsperiode hinweg genügend Zeit, um sich richtig einzuwurzeln. Eine Düngung im Frühjahr fördert die Herbstblüte. Bei den stark wachsenden Sorten unterstützt ein Rückschnitt nach dem Austrieb die Pflanze zu einem buschigeren Wachstum. Der Rückschnitt der verblühten Triebe sollte bis zum Frühjahr warten, dies fördert dann auch den frischen Austrieb.

Chrysanthema

Die Chrysantheme als Garten-, Zier- und Dekorationspflanze

Wildarten für den Steingarten oder an Trockenmauern

Es sollen hier aber nicht nur die züchterisch bearbeiteten Sorten erwähnt sein, sondern auch jene der Familie der Korbblütler, die bei uns als Margeriten bekannt sind. Die Margerite wird heute botanisch ebenfalls als „Chrysanthemum" geführt. Auch einige Wildformen sollen hier nicht fehlen.

■ Dalmatische Insektenblume (Chrysanthemum cinerarifolium – Pyrethrum)

Wildstaude für warme, trockene Lagen. Blüte im Juli bis August, weiß, ca. 50cm hoch. Aus den getrockneten, zerkleinerten Blüten wird durch Extraktion das Insektengift Pyrethrum gewonnen. Die Insektenblume ist aber auch im Garten als Zierpflanze mit Wildcharakter geeignet.

■ Mutterkraut (Chrysanthemum parthenium)

Wird etwa 70 cm hoch und trägt zwischen Juli und September gelb-weiße Zungenblüten. Kurzlebige Arznei- und Zierpflanze. Die ganze Pflanze duftet stark aromatisch. Das getrocknete Kraut eignet sich gut zur Füllung von Duftsäckchen und für Potpourris. Auch in der Floristik findet es dekorative Verwendung. Das Mutterkraut versamt sich im Garten auch von selbst sehr gut.

Lahr

Bündelmargerite (Chrysanthemum corymbosum)

Im sonnigen Randbereich der Gehölze, in Verbindung mit Steppenheidenarten fühlt sich diese heimische, Kalk liebende Wildstaude wohl. Sie wird mit ihren weißen Margeritenblüten bis ca. 1,20 m hoch. Nach der Blüte kann sie bis auf den Boden zurückgeschnitten werden.

Wiesenmargerite (Chrysanthemum leucanthemum)

Sie findet sich in Wiesen auf lehmig, sommertrockenen Böden, gemeinsam mit Habichtskraut, Wiesensalbei und Schafgarbe. Die weiße Blüte dieser auch als Wucherblume bekannten Margerite erscheint im Juni und darf in keinem Wiesenblumenstrauß dieser Zeit fehlen.

Rainfarn (Chrysanthemum vulgare)

Die heimische Wildpflanze fällt vor allem durch ihre stark aromatisch duftenden Blätter auf. Die bis zu 1,30 m hohe, zwischen Juli und September gelb blühende Pflanze wurde früher im Bauerngarten als Heilpflanze verwendet, ist aber heute kaum noch im Handel. Diese Pflanze darf aber nicht verwechselt werden mit der essbaren Chrysanthemum coronarium (siehe Seite 52), sie ist nicht genießbar!

Chrysanthema

Die Chrysantheme als Garten-, Zier- und Dekorationspflanze

■ Speisechrysantheme (Chrysanthemum coronarium)

Die aus dem Mittelmeergebiet stammende einjährige Speisechrysantheme hat doppelt gefiederte Blätter und blüht zwischen Juni und September. Die gelben, einfachen Blüten stehen auf bis zu 1 m hohen Stängeln. Sie ist eine einjährige, relativ frostempfindliche Pflanze, die wie eine normale Sommerblume ausgesät und gezogen werden kann. Aussaaten sind vom Frühjahr bis Spätherbst möglich. Die Keimung dauert ca. 10 Tage. Nach etwa drei Wochen ist die Pflanze ca. 25-30 cm hoch, und die Blätter sind erntereif. Die Speisechrysantheme mag keine extrem feuchten Bedingungen (zu viel Regen) und gedeiht nicht so gut bei Temperaturen über 25 Grad. Zur Ernte wird die Triebspitze etwa 15 cm lang abgebrochen. Die Pflanzen können mehrmals geerntet werden, denn sie regenerieren sich rasch und bilden gerne Seitentriebe.
Diese Fähigkeiten geben ihr wohl auch den Namen Wucherpflanze.

Als Beetstauden geeignete Sorten (Auswahl)

■ Frühlingsmargerite (Chrysanthemum coccineum)

Der Ursprung der als Schnittblumen beliebten Frühlingsmargeriten liegt in den sommertrockenen Gebirgen Kleinasiens und des Kaukasus. Sie brauchen einen frischen, leicht sauren Boden zum Gedeihen. Zur Vermehrung teilt man die Pflanzen gleich nach der Blüte im Mai/Juni. Im Gegensatz zur heimischen Wiesenmargerite wachsen diese Sorten horstig, d. h. bilden keine Ausläufer. Bekannte Sorten sind: Eileen May Robinson, Blüte groß, einfach, reinrosa, bis 80 cm Höhe; und James Kelway, sehr reich blühend, dunkelsamtrot, bis 60 cm hoch.

Sommermargerite (Chrysanthemum maximum)

Die Abkömmlinge der aus den Pyrenäen stammenden großblumigen Margeriten sind als Schnittblumen und Beetstauden ebenfalls beliebt. Die durchweg weiß blühenden Sorten sind relativ kurzlebig und sollten alle 2-3 Jahre geteilt und neu gepflanzt werden.
Gute Partner im Beet sind zum Beispiel Rittersporn, Indianernessel, der orientalische Mohn oder Phlox.

Winterastern (Chrysanthemum x hortorum)

Als Abkömmlinge der aus dem ostasiatischen Kulturkreis stammenden Chrysanthemum indicum, stellen sie die größte Gruppe der im Staudenbeet zu verwendenden, winterharten Chrysanthemen dar. Verwendung finden sie im Beet mit Astern oder der blauen Bartblume. Die späten Sorten, die erst Ende Oktober zum Blühen kommen, können in rauen Gegenden schon mal erfrieren.

Beliebte Sorten:

Citrus – halb gefüllte primelgelbe Blüte im August/September, bis 80 cm hoch.
Fellbacher Wein – halb gefüllte weinrote Blüte im September/Oktober, bis 60 cm hoch.
Goldmarianne – einfache, leuchtend tiefgelbe Blüte, sehr reich blühend im September/Oktober, bis 70 cm hoch.
Ordensstern – Blüte mittelgroß gefüllt, leuchtend goldbraun im September/Oktober, bis 80 cm hoch.
Schweizerland – Blüte mittelgroß gefüllt, altrosa im September/Oktober, bis 80 cm hoch.

Chrysanthema

Die Chrysantheme als Garten-, Zier- und Dekorationspflanze

Dekoration mit Chrysanthemen

Wer die herrliche Blumenpracht der Chrysanthema erlebt hat, verspürt vielleicht den Wunsch, im nächsten Jahr das eigene Haus mit Kaskadenchrysanthemen zu schmücken. Adressen für den Bezug von fertig gezogenen Kaskaden finden Sie am Schluss des Buches auf Seite 92 f. Die Gartenbaubetriebe beraten Sie gern bei Fragen.
- Wählen Sie für die Kaskaden Bereiche an Ihrem Haus aus, die vom Inneren gut zugänglich sind, wie Fensterbänke und Balkongeländer.
- Für Kaskaden an der Fassade braucht man besondere Halterungen.

Wer seine Kaskaden selbst aufhängen will, sollte Folgendes beachten:
- Die Kaskaden aus dem Topf in einen Folienbeutel bzw. -sack mit etwas zusätzlicher Erde umpflanzen und auf die Fensterbank o. ä. auflegen. Als Auflage sollten mindestens 20 bis 30 cm zur Verfügung stehen.
- In die Oberseite des Folienbeutels ein Gießloch schneiden.
- Die Kaskade mit einem stabilen Bindedraht oder einer kräftigen Schnur befestigen.

Um ein ästhetisch gelungenes Arrangement zu erreichen, sollten Sie die Kaskaden immer zu mehreren aufhängen. Beachten Sie die Symmetrie des Gebäudes und versuchen Sie, die Blumen harmonisch darauf abzustimmen. Sie können einzelne Punkte der Fassade betonen, z. B. einen Erker oder Balkon oder den Eingang. Machen Sie auch Ihren Mitmenschen eine Freude und bringen Sie Ihre Kaskaden so an, dass sie von möglichst vielen bewundert werden können.

Eine schöne Möglichkeit der Gestaltung sind auch Chrysanthemenbüsche in Kübeln. Sie erhalten Chrysanthemenbüsche bis zu einem Durchmesser von 70 cm in den erwähnten Gartenbaubetrieben. Sehr hübsch macht es sich, wenn man herbstlichen Schmuck, z. B. buntes Laub, Kastanien usw., um den Kübel herum drapiert.

Zu guter Letzt noch ein paar Tipps für die Pflege:
- Die großen Pflanzen brauchen entsprechend viel Wasser. Trockenheit wird durch schlaffe Blätter angezeigt, dann muss dringend gegossen werden.
- Mindestens einmal wöchentlich sollten Sie durchdringend gießen, bei windigem und/oder sonnigem Wetter entsprechend häufiger.
- Da die Pflanzen von der Gärtnerei vorgedüngt sind, ist keine weitere Düngung nötig.

Und nun wünschen wir Ihnen viel Freude an Ihrer ganz persönlichen „Chrysanthema".

Lahr

Chrysanthema

Die Chrysantheme als Garten-, Zier- und Dekorationspflanze

Lahr

Viel Spaß gibt es während der Kochstudios, die alljährlich im Rahmen des Chrysanthema-Kulturprogramms stattfinden.

Rezepte

Nur vom Feinsten – die Chrysantheme als kulinarische Gaumenfreude

Uwe Baumann

Im asiatischen Bereich schon lange beliebt, finden Speisechrysanthemen hierzulande nun auch den Weg vom Garten auf den Teller. Lahrer Köche sind die Vorreiter in der Entwicklung von Rezepten für die europäische Küche.

In der Küche Asiens ist sie selbstverständlich. Dort findet man sie auf jedem Markt. Sie ist wohlschmeckend und gesund, verdauungsfördernd und besonders reich an Kalzium und Vitaminen. Die Rede ist von der Speisechrysantheme (chrysanthemum coronarium/Kronenwucherblume).
Sie ist von allen Chrysanthemenarten als Einzige zum Verzehr geeignet.

Ihre jungen Blätter schmecken nussig-mild.
In Asien finden sie Verwendung als Würze, als Gemüse in gedünsteter, blanchierter oder frittierter Form, als spezieller Salat bzw. Salatbeigabe. Man findet sie in Gerichten mit klangvollen Namen wie Chu-Hua-Kuo (Chrysanthemenfeuertopf) oder Jeonju Bihimbap (Reis mit Rindfleisch und Gemüse). Auch sind die Blätter Bestandteil des tradionellen Chop Shuey.
Ihre gelben Blüten, leicht und angenehm säuerlich, werden in Asien im Teigmantel frittiert. Ein klassisches Gericht aus Japan ist zum Beispiel Kiku Tempura (Chrysanthemenblüten im knusprigen Teigmantel). Für Sandwiches und Kuchen werden sie ebenso gebraucht. Gerne werden Speisen und Getränke mit der essbaren Blüte dekoriert.

Auch in Europa findet die Speisechrysantheme zunehmend Eingang in die Kochkunst. Die Experimentierfreude und Kreativität innovativer Köche – vor allem auch in Lahr – hat die Speisechrysantheme für Feinschmecker interessant gemacht.
Immer mehr Gärtnereibetriebe reagieren auf die steigende Nachfrage und bauen diese Pflanze an.
Der einschlägige Versandhandel bietet Samen und Jungpflanzen zur Selbstaufzucht.
Weitere Informationen zu Anbau, Ernte und Bezugsquellen finden Sie, liebe Leserinnen und Leser auf den Seiten 92 und 93.

Verarbeitet werden von den hiesigen Köchen ausschließlich junge Blätter. Bei älteren Pflanzen sowie nach dem Austrieb der Blüten wird der Geschmack des Blattgemüses bitter. Der folgende Rezeptteil präsentiert Ihnen kulinarische Gaumenfreuden. Die Rezeptangaben beziehen sich immer auf vier Personen. Und noch ein Tipp: Sollten sie einmal keine Speisechrysanthemen zur Hand haben, können sie ersatzweise auch Rucola oder Löwenzahn nehmen.
Und jetzt:
Viel Freude beim Kochen und „Guten Appetit".

Nachstehende Rezepte wurden von mir für die Chrysanthema 2004 in Lahr ausgearbeitet.
„Chrysanthemen-Chüechli" ist nicht chinesisch, sondern schweizerdeutsch.

Chrysanthemen-Küchlein

Kathrin Rüegg, La Motta, CH 6635 Gerra Verzasca

Zutaten
- 4 altbackene Brötchen, in Würfel geschnitten
- ca. ½ l Milch, 3 Eier
- evt. etwas Paniermehl
- 150 g Chrysanthemenblätter, fein gehackt oder Chrysanthemen-Pesto
- Salz, Pfeffer
- 2 EL Mehl, 3 EL Paniermehl
- ca. 3 EL Butterfett

Brotwürfel mit der kochenden Milch übergießen, über Nacht stehen lassen, von Hand ganz fein zerdrücken. Eier und Chrysanthemen dazugeben, evtl. noch etwas Paniermehl zufügen. Es muss ein gut formbarer Teig entstehen. Würzen. Esslöffelgroße Bällchen daraus formen, flachdrücken, im Mehl, dann im Paniermehl wenden. Im heißen Butterfett langsam beidseitig braten. Während des Bratvorganges nochmals flach drücken. Die Küchlein können auch mit Öl bepinselt und auf dem Grill gebraten werden.

Chrysanthemen-Pesto

Kathrin Rüegg, La Motta, CH 6635 Gerra Verzasca

Zutaten
- 6 EL Pesto aus dem Vorratsglas
- 2-3 EL Öl der gleichen Qualität wie der Vorrats-Pesto
- 4-6 EL Parmesan-Käse, gerieben
- 2 EL Mandeln, geschält, grob gehackt
- Salz
- Pfeffer

❶ *Chrysanthemen-Pesto für den Vorrat*
Gut gewaschene Chrysanthemenblätter ¼ Std. in Essigwasser liegen lassen, zwischen Küchenpapier gut trocknen, in einen Mixer füllen. So viel Öl (Oliven- oder Nussöl) beigeben, dass das Messer greift. Möglichst fein pürieren. Salzen. In kleine Schraubdeckel-Gläser abfüllen, oben eine ca. ½ cm hohe Schicht Öl darauf geben. Gut verschließen. Kühl und dunkel aufbewahrt ca. ½ Jahr haltbar.
Übrigens: Bärlauch- oder Basilikum-Pesto kann man genau gleich machen.

❷ *Chrysanthemen-Pesto als Crêpes-Füllung oder für Teigwaren*
Alles gut miteinander vermengen, warm zu Crêpes, kalt zu Teigwaren servieren. Bei den Teigwaren gibt man portionenweise z. B. ein Spaghettinest auf einen vorgewärmten Teller und gibt die Sauce in die Mitte des Nestes.
Falls man nicht den ganzen Inhalt des Vorrat-Glases aufbraucht, füllt man auf den Rest ein 1 ½ cm dicke Schicht Öl auf. Nicht im Kühlschrank aufbewahren.

Chrysanthemen-Wähe (Quiche)

Kathrin Rüegg, La Motta, CH 6635 Gerra Verzasca

Zutaten Quarkteig
- 300 g Weißmehl (Weizenmehl, Typ 405)
- 2 TL Salz
- 300 g Magerquark, mit einer Gabel zerdrückt
- 300 g Butter, in Flocken

Zutaten Belag
- 4 EL Paniermehl
- 200 g Chrysanthemenblätter, fein gehackt und blanchiert
- 200 g Schinken, roh oder gekocht, in Streifen geschnitten
- 100 g Haselnüsse, grob gehackt
- Salz, Pfeffer

Zutaten Guss
- 300 ml Rahm
- 3 Eier
- Salz, Pfeffer

Mehl in eine Schüssel sieben, Salz dazugeben, eine Vertiefung machen, den Quark hineingeben, die Butter ringsum streuen. Mit einem Suppenlöffel (nicht von Hand) zu einem Teig verarbeiten, der sehr zart und geschmeidig ist. Ca. 3 Std. kalt stellen.
Obige Teigmenge genügt für zwei rechteckige Kuchenbleche von ca. 35 x 45 cm.
Evt. kann man auch kleine Portionenwähen so machen.

Backofen auf 200 Grad C vorheizen. Den ausgerollten Teig mit einer Gabel einstechen, das Paniermehl, dann die Blätter, den Schinken und die Nüsse darauf streuen. Blech auf der untersten Schiene des Backofens einschieben. Ca. ¼ Std. backen. Unterdessen Zutaten für den Guss miteinander vermengen, darüber gießen, nochmals ¼ Std. backen.

Die obige Menge genügt für ein Kuchenblech.
Diese Wähe kann auch kalt gegessen werden.

Seezungenfilets gefüllt mit Chrysanthemen-Farce im Brotmantel gebraten an Rieslingsauce mit Nudeln

Otto Fehrenbacher, Hotel-Restaurant Adler, D-77933 Lahr

Zutaten Seezunge

- 4 Seezungenfilets groß
- 250 g Zanderfilet
- 2 Eier
- 250 ml Sahne
- 50 g Chrysanthemenblätter, blanchiert
- Olivenöl
- Salz, Pfeffer
- 4 EL Bratbutter
- 1 halbes Kastenweißbrot, in dünne Scheiben geschnitten

Zutaten Rieslingsauce

- 250 ml Riesling trocken
- 1 Schalotte
- 200 g kalte Butter
- ca. 50 ml Chrysanthemenöl
- Salz
- Pfeffer

400 g dünne Bandnudeln

❶ Seezungen

Seezungen filettieren. Aus den restlichen Zutaten eine Farce machen, die Seezungen damit füllen.
In Brotmantel einschlagen und in 2 EL Bratbutter braten.

❷ Chrysanthemenöl für die Sauce

Chrysanthemenblätter abzupfen und roh mit Olivenöl mixen. Etwas salzen und ca. 1 Std. ziehen lassen, in ein Tuch gießen und passieren.
Dieses Öl kann für Suppen, Saucen und Salate verwendet werden.

❸ Rieslingsauce

Die Schalotte würfeln und kurz angehen lassen. Mit Riesling ablöschen, auf die Hälfte reduzieren. Die Butter würfeln und mit einem Stabmixer unter den Riesling mixen. Nicht mehr kochen! Ca. 50 ml Chrysanthemenöl mit dem Schneebesen unterrühren. Mit Salz und Pfeffer abschmecken.

Die Bandnudeln nach Packungsangabe kochen und dazu servieren.

Zander im Speckmantel auf Linsengemüse und Würfelkartoffeln mit Zabaione von Chrysanthus

Otto Fehrenbacher, Hotel-Restaurant Adler, D-77933 Lahr

Zutaten Fisch
- 4 dünne Scheiben Schwarzwälder Schinken
- 4 Zanderfilets zu je ca. 100 g
- 6 EL Butter
- 150 g Karotten, Lauch und Knollensellerie, in Würfeln geschnitten
- 250 g Linsen
- 250 ml Brühe
- 400 g Kartoffeln, geschält, in gleichmäßige Würfel geschnitten

Zutaten Zabaione
- 300 ml Chrysanthus-Bier
- 5 Eigelb
- Salz, Pfeffer

❶ Fisch
Schinkenscheiben auf Klarsichtfolie legen, den Fisch darauf geben, ihn mit Hilfe der Folie in den Schinken einrollen, gut durchkühlen, damit der Fisch die Form behält. 2 EL Butter erwärmen, Röllchen darin braten. Warm stellen.

❷ Linsen
2 EL Butter erhitzen, Gemüse darin leicht andämpfen, Linsen beigeben, mit der Brühe ablöschen, weich kochen.

❸ Kartoffeln
In Salzwasser 2 Min. blanchieren, abgießen, 2 EL Butter zergehen lassen, Kartoffeln darin goldgelb backen.

❹ Zabaione
Chrysanthus-Bier und Eigelb im Wasserbad aufschlagen, würzen.

Gemüse auf die Tellermitte geben, Fischröllchen schräg durchschneiden, darauf anrichten, Zabaione rundum geben, Kartoffelwürfel dazustreuen.

Ebly-Zartweizen-Risotto mit Chrysanthemen und Steinpilzen

Otto Fehrenbacher, Hotel-Restaurant Adler, D-77933 Lahr

Zutaten
- 2 EL Butter
- 100 g gewürfelte Karotten, Lauch und Sellerie
- 150 g Ebly-Zartweizen
- ca. 300 ml Brühe
- 1 EL Olivenöl
- 200 g Steinpilze, in Scheiben geschnitten
- 75 g Chrysanthemenblätter
- 50 g Parmesan, gerieben
- 100 ml Sahne, geschlagen

Butter zergehen lassen, Gemüsewürfel darin angehen lassen, Ebly-Zartweizen dazugeben, nach und nach etwas Brühe angießen, bis eine sämige Masse entsteht (ca. 10 Min.), Olivenöl erhitzen, Pilze darin anbraten. Kurz vor dem Anrichten Chrysanthemenblätter beigeben und mit dem Parmesan und der geschlagenen Sahne unter den Risotto heben. Risotto anrichten und mit den gebratenen Steinpilzen garnieren.

Brühe mit Chrysanthemen-Eierstich

Werner Rühmkorff, Gasthaus zum Zarko, D-77933 Lahr

Zutaten
- ⅛ l Milch
- ⅛ l Rahm
- 5 Eier
- 100 g Chrysanthemen, fein gehackt
- Salz, Muskatnuss
- 750 ml Fleisch- oder Gemüsebrühe

Milch und Rahm mit den Eiern aufschlagen, Chrysanthemen beigeben, würzen. In eine ausgebutterte Auflaufform geben. Im heißen Wasserbad ca. 20 – 30 Min. zugedeckt stocken lassen. Mit dem Messer in Rauten schneiden. Brühe erhitzen, Einlage beigeben, heiß servieren.

Chrysanthemenrolle

Werner Rühmkorff, Gasthaus zum Zarko, D-77933 Lahr

Zutaten
- 500 g Chrysanthemen, blanchiert, gehackt
- 500 g Hackfleisch, gemischt
- 200 ml Rahm
- 200 ml Crème fraîche
- 600 g Blätterteig
- 200 ml Gemüsebrühe
- 2 Zwiebeln
- 1 Ei
- Salz, Pfeffer

Hackfleisch mit einer Zwiebel anbraten, auskühlen lassen, würzen. Blätterteig in ca. 5 mm Stärke ausrollen. Hackfleisch mit ⅔ der Chrysanthemen vermischen, auf dem Blätterteig verteilen. Teig zu einer Rolle formen, mit Eigelb bestreichen und bei 220 Grad C im vorgeheizten Backofen 20 Min. backen.
Brühe mit den restlichen Chrysanthemen aufkochen, mit der Crème fraîche binden, Rahm hinzufügen, nach Bedarf würzen. Separat dazu servieren.

Chrysanthemen-Kartoffelrösti mit Kalbsbries und Pfifferlingen

Werner Rükmkorff, Gasthaus zum Zarko, D-77933 Lahr

Zutaten Rösti
- 3 EL Bratbutter
- 400 g Kartoffeln, geschält, grob gerieben (am besten auf einer Röstiraffel)
- 100 g Chrysanthemen, fein gehackt (1 EL als Garnitur beiseite stellen)
- 2 Eier
- Salz, Pfeffer
- 2 EL Bratbutter

Zutaten Pfifferlinge
- 2 EL Bratbutter
- 50 g Speck, in feine Würfel geschnitten
- 1 Zwiebel, fein geschnitten
- 150 g Pfifferlinge
- evtl. Salz, Pfeffer

Zutaten Kalbsbries
- 2 EL Bratbutter
- 200 g Kalbsbries, in 1 cm dicke Scheiben geschnitten
- Salz, Pfeffer

❶ Rösti
Kartoffeln, Chrysanthemen, Eier miteinander gut vermengen, würzen. Bratbutter erhitzen, die Rösti beidseitig braun braten, d. h. die Masse zu einem Fladen drücken, zudecken, auf kleiner Flamme ca. 10 Min. braten, den Deckel mit einem Topflappen bedecken, die zugedeckte Bratpfanne umdrehen, den Röstifladen wieder in die Pfanne gleiten lassen, nochmals 10 Min. braten. Warm stellen.

❷ Pfifferlinge
Bratbutter erhitzen, Speck darin auslassen, Zwiebel glasig dämpfen, Pfifferlinge beigeben, evtl. würzen. Warm stellen.

❸ Kalbsbries
Bratbutter erhitzen, Fleisch darin goldbraun braten, würzen. Röstifladen in vier Teile teilen, je einen in der Mitte von vorgewärmten Tellern anrichten, Pilze und Fleisch ansetzen, mit den Garnitur-Chrysanthemen bestreuen.

Exotische Früchte mit Chrysanthus-Zabaione überbacken

Werner Rühmkorff, Gasthaus zum Zarko, D-77933 Lahr

Zutaten
- 1 kg exotische Früchte, präpariert wie für Fruchtsalat
- 3 Eigelb
- ¼ l Chrysanthus-Bier
- 4 Kugeln Vanilleeis

Früchte auf 4 feuerfeste Suppenteller verteilen. Eigelb und Chrysanthus im Wasserbad zu einer schaumig-festen Crème rühren, über die Früchte geben.
Im vorgeheizten Backofen bei Oberhitze goldbraun überbacken, mit dem Vanilleeis servieren.

Lammrücken in der Chrysanthemenkrume mit Kartoffelgratin

Andreas Feißt, Hotel Schulz, D-77933 Lahr

Zutaten Lammrücken
- 600 g Lammrückenfilet
- Salz
- 2 EL Mehl
- 3 – 4 EL Pommerysenf
- 4 EL Paniermehl
- 10 g Speisechrysanthemen, gehackt
- 2 EL Bratbutter

Zutaten Kartoffelgratin
- 800 g Kartoffeln, geschält, in feine Scheiben geschnitten
- Salz, Pfeffer
- 300 ml Rahm
- 300 ml Brühe
- Muskatnuss

❶ Lammrücken
Das Fleisch salzen, bemehlen. Mit dem Senf bestreichen. Paniermehl und Chrysanthemen vermengen, Fleisch darin wälzen. Bratbutter erhitzen, Fleisch darin ringsum anbraten, im auf 180 Grad C vorgeheizten Ofen in ca. 10 Minuten rosa garen.

❷ Kartoffelgratin
Kartoffelscheiben in 4 Schichten in eine bebutterte Auflaufform legen, jede Schicht salzen und pfeffern. Rahm und Brühe darüber gießen, mit Muskatnuss würzen. Im auf 180 Grad C vorgeheizten Ofen goldgelb ausbacken.

Geschäumte Chrysanthemensuppe

Andreas Feißt, Hotel Schulz, D-77933 Lahr

Zutaten
- 40 g gesalzene Butter
- 50 g blanchierte Speisechrysanthemenblätter
- 800 ml Rahm
- 2 EL Crème fraîche
- Salz, Muskat

Die Hälfte der Butter zergehen lassen, Chrysanthemenblätter darin ohne Farbe angehen lassen. Rahm und Crème fraîche beigeben und aufkochen, mit der restlichen Butter im Mixer fein pürieren, mit Salz und Muskat abschmecken.

Kalbsfilet im Chrysanthemen-Kräutermantel auf Schalotten-Chrysanthemenbierjus mit Safranknöpfle

Andreas Feißt, Hotel Schulz, D-77933 Lahr

Zutaten Kalbsfilet
- 800 g Kalbsfilet, sauber entfettet und enthäutet
- Salz, Pfeffer
- 1 Bund Schnittlauch, fein geschnitten
- 20 g Speisechrysanthemen, fein gehackt

Zutaten Jus
- 50 g Butter
- 2 Schalotten, fein gehackt
- 100 ml Chrysanthus-Bier
- 80 ml Kalbsjus

Zutaten Safranknöpfle
- 200 ml Milch
- ½ g zerriebene Safranfäden
- 500 g Mehl Typ 405
- 5 Eier
- Salz

❶ *Kalbsfilet*
Das Kalbsfilet salzen, pfeffern und in den Kräutern wälzen. In Frischhaltefolie einwickeln und an den Enden fest zudrehen. Nochmals in Alufolie wasserdicht einrollen. In 80 Grad C heißem Wasser 18 Min. pochieren, aus dem Wasser nehmen, 5 Min. ruhen lassen. Aus der Folie nehmen, in ca. 1 cm dicke Scheiben aufschneiden und anrichten.

❷ *Jus*
Die Hälfte der Butter schmelzen, die Schalotten darin angehen lassen, mit Chrysanthus-Bier ablöschen. Auf die Hälfte einkochen, mit dem Kalbsjus auffüllen, einmal gut durchkochen und mit der restlichen Butter binden.

❸ *Safranknöpfle*
Milch und Safran aufkochen und abkühlen lassen. Aus den restlichen Zutaten den Safranknöpfleteig herstellen. Den Teig durch ein Knöpflesieb in kochendes Wasser streichen.

Gefüllte Poulardenbrust im Wirsingblatt mit Chrysanthemenfüllung

Andreas Feißt, Hotel Schulz, D-77933 Lahr

Zutaten
- 200 g Putenbrust, im Mixer fein zerkleinert
- 4 Eigelb
- ca. 100 ml Rahm
- 20 g Speisechrysanthemen, gehackt
- 4 Schweinsnetze zu je ca. 20 x 20 cm
- 4 Poulardenbrüste zu je 180 bis 200 g, enthäutet, plattiert
- Salz
- 4 Wirsingblätter, blanchiert
- 2 EL Bratbutter

Für die Füllung Putenbrust, Eigelb, Rahm und Chrysanthemen vermengen.
Schweinsnetze auf dem Tisch auslegen. Poulardenbrüste auf die Netze legen, salzen, mit der Füllung bestreichen und wie eine Rindsroulade einrollen. Auf die Wirsingblätter legen, einrollen. Diese Rollen schließlich im Schweinsnetz einpacken. Bratbutter heiß werden lassen, die Rollen ringsum anbraten und dann im auf 180 Grad C vorgeheizten Ofen ca. 18 Min. braten, dabei einige Male umdrehen.

Chrysanthemenmousse auf Orangensauce

Andreas Feißt, Hotel Schulz, D-77933 Lahr

Läuterzucker, Chrylonge und Chrysanthemenblätter im Mixer fein pürieren, Joghurt beigeben. Die eingeweichte und im Topf geschmolzene Gelatine mit dem Schneebesen unterheben und kühl stellen, bis die Masse zu stocken beginnt. Rahm unterheben und die Mousse abfüllen.

Zutaten Orangensauce
- ca. 40 g Zucker
- 400 ml Orangensaft, frisch gepresst und durch ein Sieb passiert
- ½ abgeriebene Orangenschale
- 1 Schnapsglas voll Chrylonge

Zucker karamellisieren, Orangensaft beigeben (Achtung, spritzt sehr).
Mit der abgeriebenen Schale zu einem Sirup einkochen, mit Chrylonge abschmecken.

Zutaten Mousse
- 10 g Läuterzucker (macht man, indem man 100 g Zucker und 100 g Wasser aufkocht)
- 25 g Speisechrysanthemenblätter, roh
- 50 ml Chrysanthemenschnaps Chrylonge
- 400 g Joghurt
- 5 Blatt Gelatine
- 300 ml Rahm, steif geschlagen

Chrysanthemensorbet mit Quarksoufflé

Andreas Feißt, Hotel Schulz, D-77933 Lahr

Zutaten Chrysanthemensorbet
- 50 g frische Speisechrysanthemenblätter
- 300 ml frisch gepresster Limettensaft
- 200 ml Müller Thurgau trocken
- 200 ml Läuterzucker:
  Man kocht 100 g Zucker mit 100 ml Wasser einmal auf

Alle Zutaten werden im Mixer fein püriert und anschließend in der Eismaschine eingefroren.

Zutaten Quarksoufflé
- 65g Butter
- Butter für die Soufflé-Förmchen
- 65g Mehl
- 125 ml Milch
- 6 Eiweiß
- 4 Eigelb
- 50 g Zucker
- Zucker zum Ausstreuen der Soufflé-Förmchen
- eine halbe Vanilleschote
- 25 g Quark

Die Soufflé-Förmchen zuvor buttern und zuckern.
Aus Butter und Mehl eine Mehlbutter herstellen. Die Milch mit der Vanilleschote aufkochen, die Vanilleschote entfernen und die Mehlbutter mit der heißen Milch auf dem Feuer abrühren. Zwei ungeschlagene Eiweiß unterheben, die Eigelb nach und nach mit dem Schneebesen unter die Masse arbeiten, Quark dazu geben und glatt rühren.
Die vier restlichen Eiweiß und den Zucker zu Schnee schlagen und vorsichtig unter die Masse heben. Die gesamte Masse anschließend in die Soufflé-Förmchen füllen und bei 180 Grad (Umluft) im Backofen ca. 30 Minuten lang backen.

Mit Speisechrysanthemen mariniertes Rindercarpaccio und Champignonsalat

Thomas Feißt, Hotel Schulz, D-77933 Lahr

Zutaten
- 500 g Rindsfilet
- 1 gehäufter EL Speisechrysanthemen, gehackt
- Parmesankäse in Scheibchen, Menge nach Geschmack
- grobes Meersalz

Zutaten Thunfischcrème
- 1 Dose Thunfisch in Öl (ca. 180 g)
- Saft einer halben Zitrone
- 1 TL scharfer Senf
- 3 Sardellenfilets
- 200 m Weißwein
- 3 EL Olivenöl
- Salz, Tabasco
- 1 Eigelb

Zutaten Champignonsalat
- 1 EL weißer Balsamico-Essig
- 3 EL Olivenöl
- Salz, 1 Prise Zucker
- 2 EL Olivenöl
- 1 Schalotte, fein gehackt
- 8 kleine weiße Champignons
- Salz

Essig und Öl vermengen, würzen, Olivenöl erhitzen, Schalotte und Champignons kurz anbraten, würzen, in die Vinaigrette geben.

Das Rinderfilet mit den gehackten Chrysanthemen einreiben und im Tiefkühler einfrieren. Für die Thunfischcreme alle Zutaten im Mixer pürieren.

Anrichten: Fleisch aus dem Tiefkühler nehmen, 5 Min. antauen lassen, Fischcrème ca. 2 cm breit um den Teller streichen. Vom Fleisch ganz dünne Scheiben schneiden, auf dem Teller verteilen, mit dem Olivenöl beträufeln, mit dem Parmesan bestreuen. Den Champignonsalat in der Mitte anrichten. Mit dem Meersalz würzen, sofort servieren.

Gebratene Jakobsmuscheln auf Physaliskompott mit Chrysanthemenöl

Thomas Feißt, Hotel Schulz, D-77933 Lahr

Zutaten Chrysanthemenöl
- 100 ml Olivenöl
- 1 EL Speisechrysanthemenblätter, grob gehackt
- 1 EL glatte Petersilie, grob gehackt
- Salz

Zutaten Physaliskompott
- 1 EL Zucker
- 250 g Physalis, geputzt und geviertelt

Zutaten Muscheln
- 1 EL Butter
- 8 Jakobsmuscheln
- Salz
- 2 EL Mehl

① *Chrysanthemenöl*
Die Ölzutaten im Mixer möglichst gut zerkleinern, würzen.

② *Kompott*
Zucker karamellisieren, Physalis beigeben, alles gut durchkochen, auf Zimmertemperatur abkühlen lassen.

③ *Muscheln*
Butter erhitzen, Muscheln salzen, in Mehl wenden, auf jeder Seite 1 Min. anbraten.

Kompott auf einem Teller anrichten, Muscheln darauf geben, mit dem Öl beträufeln.

Soufflé „Chrysanthus" mit Orangenragout

Thomas Feißt, Hotel Schulz, D-77933 Lahr

Zutaten Soufflé
- 150 ml Chrysanthus-Bier
- 1/8 l Milch
- 20 g Mehl
- 25 g Butter
- 35 g Zucker
- 2 Eigelb
- 2 Eiklar, steif geschlagen
- Puderzucker

Zutaten Orangenragout
- 3 Orangen filettieren, Saft auffangen
- 1/2 TL Speisestärke
- Rum und Zucker nach Geschmack

① *Soufflé*
Milch aufkochen, Butter zergehen lassen und vom Herd nehmen. Mehl beifügen, durchrühren, mit der heißen Milch übergießen, mit dem Schneebesen verrühren, Zucker, Eigelb und Chrysanthus-Bier beigeben und verrühren, vorsichtig mit dem steifen Eischnee mischen und in ausgebutterte und gezuckerte Kaffeetassen abfüllen. Im Ofen bei 160 Grad C ca. 20 Min. backen. Aus dem Ofen nehmen, mit Puderzucker bestreuen und sofort mit dem Orangenragout servieren.

② *Orangenragout*
Den Orangensaft einkochen, mit ca. einem halben Teelöffel Speisestärke verbinden, mit Zucker und Rum abschmecken und die Orangenfilets darin warm legen.

Lachs und Chrysanthemen
im Blätterteig auf Sauerkraut mit Chrysanthemenschaum

Christoph Schlupp, Restaurant Schwanen, D-77933 Lahr

Zutaten Lachs
- 600 g gekochtes Sauerkraut
- 600 g Lachsfilet
- 200 g Zandermousseline
- 2 gehackte Schalotten
- 400 ml Rahm
- 2 Eier
- 250 g Butter
- 500 g Blätterteig
- 100 ml Riesling
- 120 g Chrysanthemenblätter
- Salz, Pfeffer

Zutaten Zandermousseline
- 120 g Zander
- 2 Eier
- 1 Schalotte, grob gehackt
- 70 ml Sahne
- Salz, Pfeffer

Zutaten Chrysanthemenschaum
- 1 Schalotte, fein gehackt
- 100 ml Riesling
- 200 ml Rahm
- 200 g Butter
- 80 g Chrysanthemenblätter

❶ *Zandermousseline*
Zanderfilet, Eier, Schalotte, Salz und Pfeffer mixen. Anschließend Sahne dazu geben, würzen.

❷ *Lachs*
Chrysanthemenblätter blanchieren und in 50 g Butter und einer Schalotte anschwitzen. Zandermousseline: 1 Schalotte, 2 Eier, 200 ml Rahm mixen und würzen.
Blätterteig ausrollen, Lachsfilet, Chrysantheme und Zandermousseline im Blätterteig einpacken, ca. 25 Min. bei 220 Grad backen.

❸ *Chrysanthemenschaum*
Schalotte mit dem Riesling aufkochen, Rahm und Butter beigeben, alles bei leichter Hitze aufkochen, Chrysanthemen dazu geben, würzen und mixen.

Ein Bouquet heißes Sauerkraut auf einem vorgeheizten Teller anrichten. Eine Scheibe Lachs im Blätterteig dazulegen und den Chrysanthemenschaum dazu servieren.
Salzkartoffeln passen am besten dazu.

Gratinierter Rehrücken
mit einer Kräuterkruste, frischen Steinpilzen auf Preiselbeerspätzle

Eddy Scherrer, Hotel-Restaurant „Zum Löwen", D-77933 Lahr

Zutaten Rehrücken
- 1 Rehrücken (ca. 1500 g)
- Salz
- Pfeffer
- Butter
- Crème fraîche

Zutaten Kräuterkruste
- 150 g Butter
- Salz, Pfeffer
- 4 Scheiben Toastbrot
- Basilikum
- Petersilie
- Oregano
- Schnittlauch
- Rosmarin
- Thymian
- Speisechrysanthemen

Sonstiges
- 500 g Steinpilze
- 1 Zwiebel, gewürfelt
- 50 g Preiselbeeren
- 700 g Spätzle

Den Rehrücken parieren, mit Salz und Pfeffer würzen. In der Pfanne ca. 5 Minuten anbraten, rausnehmen und ca. 10–15 Minuten im Ofen bei 180 Grad C fertig garen. In der Zwischenzeit Steinpilze säubern und vierteln. Zwiebel in Butter andünsten, die Steinpilze dazu geben, mit Salz und Pfeffer leicht würzen und schmoren lassen.

Für die Wildsauce zieht man von dem Bratensaft eine leichte Jus und bindet sie mit Crème fraîche.

Für die Kräuterkruste werden alle Kräuter, die Speisechrysanthemen, die Butter und das Toastbrot zu einer sämigen Paste gemixt.

Die Spätzle laut Angabe kochen, in Butter anschwenken und die Preiselbeeren untermischen. Die Rückenfilets aus dem Ofen nehmen und in kleine Medaillons schneiden. Anschließend wird die Kräuterpaste auf die Medaillons gestrichen und kurz im Ofen überbacken.

Die Preiselbeerspätzle auf einem warmen Teller anrichten. Die Medaillons auf den Preiselbeerspätzle anlegen, die Steinpilze hinzugeben und mit der Wildsauce servieren.

Zanderfilet in Walnüssen, angerichtet an Wild- und Basmatireis und Chrysanthemen-Schaum

Christophe Hoppenkamps, Gasthaus zum Zarko, D-77933 Lahr

Zutaten
- 250 ml Weißwein, trocken
- 2 Schalotten, gehackt
- 200 g Basmatireis
- 200 g Wildreis
- 4 EL Butter
- 20 Chrysanthemenblätter
- 300 ml Rahm
- Salz, Pfeffer, Kardamom
- 100 g Butter
- 4 Zanderfilets zu je ca. 150 g
- Salz, Pfeffer
- 3 EL Mehl
- 3 Eier
- 150 g Walnüsse, gemahlen

Wein und Schalotten langsam bis zu ca. 100 ml einkochen lassen.
Die beiden Reis-Sorten einzeln im gesalzenen Wasser nach Packungsangabe weich kochen.

1 EL Butter zergehen lassen, Chrysanthemenblätter darin dämpfen, zum reduzierten Wein geben, Rahm dazumischen, würzen, Butter dazurühren. Anschließend pürieren. Warm halten.

Die Fischfilets abtropfen lassen, würzen, im Mehl wenden. Eier und Walnüsse vermengen, Fisch in diese Masse geben. Die 3 EL Butter erhitzen, Fisch darin braten. Die Reis-Sorten miteinander vermengen.
Fisch und Reis auf vorgewärmten Tellern anrichten, Sauce beigeben.

Octopus mit Balsamico und Chrysanthemen-Salat

Rudi Gieringer, Bermudas

Zutaten
- 1 kg Baby Octopus
- 200 ml Balsamessig
- 100 ml Orangensaft
- 1 EL Olivenöl
- 1 EL Zucker
- 2 Knoblauchzehen, gepresst

Zutaten Salat
- 2 Tomaten, in Scheiben geschnitten
- 20 g Chrysanthemenblätter
- 180 g Rucola

❶ Octopus
Vom Octopus Kopf entfernen, ausnehmen. Die Fangarme in Viertel schneiden, waschen. Die angegebenen Zutaten zu einer Sauce vermengen, die Octopus-Stücke mindestens 3 Stunden, besser über Nacht, darin kühlstellen. Octopus herausnehmen. Marinade beiseite stellen. Octopus auf dem Grill oder in einer heißen Bratpfanne auf jeder Seite 5 Sekunden braten. Er muss weich sein. Die Marinade bei großer Hitze auf die Hälfte reduzieren.

❷ Salat
Tomaten-Scheiben auf 4 Teller verteilen, Chrysanthemen und Rucola darauf arrangieren, darüber die Octopus-Stücke arrangieren und mit der Marinade beträufeln.

Chrysanthemen-Pasta

Rudi Gieringer, Bermudas

Zutaten
- 4 l Wasser
- 2 TL Salz
- 2 EL Olivenöl
- 400 g Teigwaren (am besten Fettucine)
- 200 g Chrysanthemenblätter, blanchiert, fein gehackt
- 200 g Ricotta, mit der Gabel zerdrückt
- Salz, Pfeffer
- 4 Zitronenschnitze
- Parmesan-Käse, gerieben

Wasser mit Salz und Olivenöl aufkochen, Teigwaren beigeben, al dente kochen (Hinweis auf der Packung beachten). Chrysanthemenblätter mit der Ricotta vermengen, würzen. Unter die Teigwaren heben. Mit den Zitronenschnitzen garnieren. Käse dazu servieren.

Getränkespezialitäten

Chrylonge –
ein likörartiges
Chrysanthemengetränk

Blumig, fruchtig, exotisch, erfrischend – so lauten die Prädikate für ein Getränk, das ebenfalls in „Lahrer Versuchslabors" entstanden ist. Chrylonge – so der Name des likörartigen Getränkes, das sich hervorragend pur, gekühlt mit Eis, als Cocktail mit Sekt oder Champagner oder als Longdrink mit Weißwein oder Mineralwasser genießen lässt. Seine Farbe leuchtet, wie die Ursprungschrysantheme, goldgelb. Basis für dessen Herstellung ist ein Auszug aus Speisechrysanthemen. „Die asiatischen Länder kennen den Chrysanthemenwein und den Chrysanthemenschnaps. Warum für die Chrysanthema kein eigenes Getränk entwickeln…?" Dieser Frage ging vor ein paar Jahren ein Expertenteam aus Gastronomen und Winzern auf die Spur. Das Ergebnis kann sich bestens schmecken lassen. Probieren Sie nachstehende Rezepte. „Auf jeden Fall kalt genießen" – so der Tipp des Chrylonge-Erfinders Andreas Feißt.

Chrylonge als Aperitif
2 cl Chrylonge mit Champagner oder Sekt aufgefüllt

L'ahr-mer
2 cl Chrylonge in einem Bierglas (Kölsch 0,2 l) aufgefüllt mit Bier (Chrysantus)

Chrylonge als Longdrink
4 cl Chrylonge gut gekühlt, mit Eiswürfel aufgefüllt

Und hier noch ein Tipp für kalte Tage:
2 cl Chrylonge in einer heißen Tasse Schwarztee

Getränkespezialitäten

Chrysanthus – ein besonderes Bier

Ganz in der Nähe von Lahr liegt Schmieheim. In dem kleinen Dorf am Rande des Schwarzwaldes befindet sich die Schlossbrauerei, seit 1843 in Familienbesitz.

Eine ihrer Spezialitäten ist das „Chrysanthus" – ein besonderes feinwürzig aromatisches Bier mit der blumig-frischen Note der Chrysantheme. Diese ergänzt den edelherben Geschmack des süddeutschen Aromahopfens bestens.

Ausgewählte Zutaten kennzeichnen das Bier: Reines Schwarzwaldquellwasser, regional angebaute Gerste und echte Chrysanthemen sind die wesentlichen Inhaltsstoffe dieses erfrischenden Bieres mit seiner „blumigen" Note und der lockenden rotgoldenen Farbe. Ausschließlich biologisch angebaute, junge Chrysanthemenblätter und -blüten werden beim Sieden eingesetzt.

Die hauseigene tradionelle Gärführung und eine lange kalte Lagerung garantieren die Bekömmlichkeit und den angenehmen Geschmack.

Jede einzelne Flasche dieses besonderen Getränkes wird naturbelassen abgefüllt und von Hand verschlossen.

Bezugsquellen und wichtige Adressen

Bewurzelte Stecklinge

- **Brandkamp GmbH, Jungpflanzenvertrieb**
  D-46419 Isselburg-Anholt, In der Flora 6
  Tel. 02874/ 9136-0 · Fax 02874/9136-22
  info@brandkamp.de

- **Gärtnerei Bernd Bräutigam**
  D-77933 Lahr, Breslauer Straße 1
  Tel. 07821/41120 · Fax 07821/52102

- **Kientzler Jungpflanzen GmbH & Co. KG**
  D-55454 Gensingen
  Tel. 06727/9301-75 · Fax 06727/ 9301-77
  rherzberg@kientzler.de

- **Sarl Sauve**
  F-53007 Laval Cedex, 343 Rue de Bretagne BP 0716
  Tel. 0033 02 43 91 48 48 · Fax: 43 91 48 49
  sauve-sarl@wanadoo.fr

- **SC Ets Roger Guittet**
  F-72302 Sable sur Sarthe Cedex, 156 Rue Saint Nicolas BP 71
  Tel. 0033 02 43 95 02 65 · Fax: 43 92 58 07
  Guittet@unimedia.fr

Fertige Kaskadenchrysanthemen

- **Gärtnerei Bernd Bräutigam**
  D-77933 Lahr, Breslauer Straße 1
  Tel. 07821/41120 · Fax 07821/52102

- **Göhringer Gärtnerei**
  D-77933 Lahr
  Pulverturmweg 10,
  Tel. 07821/22220 · Fax 07821/3345

- **Plandanjou**
  F-49136 Les Ponts de Cé Cedex
  BP 62, Av. Amiral Chauvin
  Tel. 0033/2 41 79 44 80 · Fax: 0033/279 44 85)
  plandanjou@wanadoo.fr
  www.plandanjou.com

- **Serres de Oiseme Jean Pierre Menard**
  F-28300 Oiseme
  Les Pierres Couvertes
  Tel. 0033/237 31 98 28 · Fax: 0033/2 31 63 77
  serres.de.oiseme@wanadoo.fr
  www.serres-de-oiseme.com

Winterharte Gartenchrysanthemen

- **Artemisia Bioland-Staudengärtnerei**
  D-79350 Sexau
  Vorderer Moosweg 1
  Tel. 07641/4689864
  compost@artemisiagarten.de

- **Grünes von Schwendemann**
  D-77933 Lahr
  Pestalozzistraße 1
  Tel. 07821/32018 · Fax: 07821/1867

Speise-Chrysanthemen

- **Gärtnerei Bernd Bräutigam**
  D-77933 Lahr
  Breslauer Straße 1
  Tel. 07821/41120

- **Gärtnerei Berg**
  Demeter Biologisch-dynamischer Anbau
  D-79686 Binzen
  Niederfeld 1
  Tel. 07621/96831
  info@bergbinzen.de

- **Hartmut und Magdalena Danzeisen**
  Bioland-Hof
  D-79356 Eichstetten
  Hauptstraße 124
  Tel. 07663/777

- **Eferdinger GemüseLust**
  A- 4070 Eferding
  Linzer Straße 4
  Tel. 0043/ 50/6902-3531-2 · Fax 0043/ 50/6902-93530
  info@gemueselust.at

- **Götz Eberspächer**
  Garten- und Landschaftsbau
  D-73257 Köngen
  Kirchheimer Straße 51
  Tel. 07024/866211
  g.eberspaecher@gmx.de

- **Essbare Landschaften GmbH**
  D-18516 Süderholz
  Gutshaus Boltenhagen
  Tel. 038326/535780(-1 Fax)
  info@essbare-landschaften.de

- **Rühlemann's Kräuter & Duft**
  D-27367 Horstedt
  Auf dem Berg 2
  Tel. 04288/ 928558(-9 Fax)
  info@ruehlemanns.de

- **Syringa Duftpflanzen und Kräuter**
  D-78247 Hilzingen-Binningen
  Bachstraße 7 (Büro)
  Tel. 07739/1452 (Fax: 677)
  info@syringa-samen.de
  www.syringa-samen.de

- **Vis à Vis Gärtnerhof Dr. Peter Laßnig**
  A- 2230 Gänserndorf
  Hochwaldstraße 37
  Tel. 0043/2282/70766 (=Fax)
  peter.lassnig@inode.at

- **Waldbreitbacher Franziskanerinnen e.V.**
  D-56588 Waldbreitbach
  Margaretha-Flesch-Straße 8
  Tel. 02638/8113031 · Fax. 02638/ 810

- **Matthias Zipf, Gartenbau**
  D-77972 Mahlberg
  Eisenbahnstraße 39
  Tel. 07825/655

Verbände und Organisationen

- **Conservatoire National du Chrysanthème**
  F- 45801 Saint-Jean de Braye
  Mairie de Saint-Jean de Braye – BP 90 009
  Tel. 0033/2/38524170 · Fax 0033/2/38524051

- **Société Francaise des Chrysanthémistes (SFC)**
  F- 69100 Villeurbanne
  53, rue F. de Presseusé
  Tel. 0033/4/78934833

- **Société Francaise des Chrysanthèmes**
  F-69459 Lyon-Cedex 06
  Parc de la Tête d'Or
  Briefanschrift: Secrétaire Général Germain Jousset
  27 Rue des Anguignis
  F-45650 Saint-Jean-Le-Blanc
  Tel/Fax: 0033/2/38661715

Weitere wichtige Adressen

- **Stadt Lahr**
  D-77933 Lahr · Rathausplatz 7
  Tel. 07821/910-0333
  info@lahr.de
  www.lahr.de

- **Stadt Lahr** – Abt. Öffentl. Grün und Umwelt
  D-77933 Lahr · Rathausplatz 7
  Tel. 07821/910-0670 · Fax: 07821/910-0672
  info@lahr.de

- **Stadt Lahr** – Abt. Stadtmarketing und Öffentlichkeit
  Tel. 07821/910-0123 · Fax: 07821/910-0115
  info@lahr.de
  www.chrysanthema.de

- **Stadt Lahr** – Stadtführungen
  Tel. 07821/910-0125 (vorm.)
  info@lahr.de

Gerne können Sie vor Ort auch in Ihrer Gärtnerei nach Speisechrysanthemen fragen. Manch kleine Betriebe – u.a. Bioland- und Demeter-Gärtnereien –, die das Speisechrysanthemen-Gemüse für sich in kleinen Mengen anbauen oder über den Großhandel besorgen können, sind sicherlich von uns noch unentdeckt.

Literaturverzeichnis

- **Beijing Chry**santhemum Association:
  Chines Chrysanthemums, Beijing 1981

- Coats, Alice M:
  The Plant Hunters, London 1969

- Freundeskreis Lahrer Stadtpark e.V. (Hrsg):
  Chrysanthema '93, Lahr 1994

- Hiener, R./Schnelle, O./Freidanck, A.:
  Wildkräuter, Essbare Landschaften, Hädecke-Verlag

- Jardins de France:
  La Grande Épopée du Chrysanthème, Paris
  (ohne Jahresangabe)

- Ministère de la Culture et de la Communication:
  Rendez-vous aux jardins – Offene Gärten am Oberrhein
  beiderseits der Grenzen 2007

- Nakajima, Tameji (m. H. Carl Young):
  The Art of the Chrysanthemum, Tokyo 1965

- Niwa, Teizo:
  Chrysanthemums of Japan, Tokyo 1936

- Organic Gardening Catalogue 2006:
  www.OrganicCatalogue.com, Hersham, Surrey (UK)

- Root, Waverley:
  „Alles was man essen kann" – Eine kulinarische Weltreise,
  Eichborn-Verlag

- Société Francaise des Chrysanthèmistes:
  Le chrysanthème

- Journal d'Information Trimestriel, Lyon 2004

- Storl, Wolf-Dieter u. Pfyl, Paul Silas:
  „Bekannte und vergessene Gemüse"

Danke

Ein Dank geht an all diejenigen, ohne deren Visionskraft, Ideen und Einsatz die Geschichte der Chrysanthema so nie hätte geschrieben werden können:

Herrn Oberbürgermeister Dr. Wolfgang G. Müller sowie die Herren Oberbürgermeister a. D. Werner Dietz und Dr. Philipp Brucker.

Stadt Lahr Abt. Öffentliches Grün und Umwelt:
Eckard Riedel, Richard Sottru, Lothar Wildt

Stadt Lahr, Hauptamt, Abt. Stadtmarketing: Harald Paul, Friederike Ohnemus M. A., Martina Mundinger M. A.

Werbegemeinschaft Lahr/Arbeitskreis Stadtmarketing: Thomas Bickel, Wolfgang Eichler, Bruno Kohlmeyer, Thaddäus Schmid

Freundeskreis Stadtpark e.V., Theresia Pfänder

Dank auch an die Gemeinderäte, die Sponsoren der Chrysanthema und alle, die bei der Umsetzung der Chrysanthema mitwirken, hier insbesondere die Mitarbeiter des Bau- und Gartenbetriebs Lahr.

Ein weiterer ganz besonderer Dank der Herausgeber dieses Buches für die Mitarbeit und Unterstützung bei der Realisierung des vorliegenden Chrysanthema-Buchprojektes geht an:

Wolfgang Lorenz, Margit Enders, Brigitte Nielsen-Pohnke, Kikuto Sagakawa, das Team des Kaufmann Verlags sowie alle Köche des Kochstudios.

Bildnachweis

Wir danken der Stadt Lahr und den folgenden Fotoagenturen/Fotografen für die freundlich erteilte Abdruckerlaubnis.

Alle Aufnahmen:

© Stadt Lahr

Mit Ausnahme von:

© Artkey/Corbis S. 23 (rechts oben)
© The Gallery Collection/Corbis S. 37
© Beatrix Hess S. 25 (rechts oben)
© privat S. 53 (oben)
© Edeltraud Rückert S. 59, S. 60, S. 61 (links), S. 62, S. 63, S. 64, S. 65, S. 66, S. 68, S. 69, S. 70, S. 72, S. 73, S. 74, S. 75, S. 76, S. 77, S. 78, S. 79, S. 80, S. 82, S. 83, S. 84, S. 85, S. 86, S. 87, S. 88, S. 89 (links), S. 90, S. 91 (rechts)
© Irmi Schlabach S. 28 (rechts oben), S. 29 (links)
© Gisela Schlegel S. 15, S. 20, S. 26 (unten)
© Bruno Seubert S. 89 (rechts)
© Dipl. Biologe Roland Spohn S. 50, S. 51, S. 52, S. 53 (unten)

Bibliographische Information Der Deutschen Bibliothek
Die Deutsche Bibliothek verzeichnet diese Publikation in der Deutschen Nationalbibliografie; detaillierte bibliografische Daten sind im Internet über http://dnb.ddb.de abrufbar.

1. Auflage 2007
© 2007 Verlag Ernst Kaufmann, Lahr
Dieses Buch ist in der vorliegenden Form in Text und Bild urheberrechtlich geschützt.
Jede Verwertung ist ohne Zustimmung des Verlags Ernst Kaufmann unzulässig und strafbar.
Dies gilt insbesondere für Nachdrucke, Vervielfältigungen, Übersetzungen, Mikroverfilmungen und die Einspeicherung und Verarbeitung in elektronischen Systemen.
Printed in Germany
Gestaltung: Stefan Heß und Rolf Zilling
Umschlaggestaltung: Stefan Heß und Rolf Zilling unter Verwendung von Fotos © Stadt Lahr
Hergestellt bei Himmer AG, Augsburg
ISBN 978-3-7806-7254-4